Christoph Schluep

Alles mit scharf.

Christoph Schluep

Alles.
mit scharf

Predigten zur Sache

Bibliografische Information der Deutschen
Nationalbibliothek: Die Deutsche Nationalbibliothek
verzeichnet diese Publikation in der Deutschen
Nationalbibliografie; detaillierte bibliografische Daten
sind im Internet über dnb.dnb.de abrufbar.

© 2021 Christoph Schluep
Herstellung und Verlag: BoD – Books on Demand,
Norderstedt

ISBN 9783754302590

für Florina

geliebte Tochter und Seelenverwandte,
die mich zuweilen besser versteht als ich mich selbst
und mich erdet und meinen Blick auf das lenkt,
was wirklich wichtig ist.

Inhaltsverzeichnis

1 Genesis und Exodus

2 Propheten

3 Bergpredigt

4 Jesus

5 Paulus

6 Zum Schluss

Vorwort

20 Jahre lange habe ich in der Evangelisch-methodistischen Kirche Zürich 4 und zuletzt auch in der Regenbogenkirche gearbeitet, gewirkt und gepredigt. Letzteres war stets mein Schwerpunkt und hat mich spirituell ausserordentlich gefordert. Es kam mir bei der Predigt nicht darauf an, inhaltlich möglichst präzis, innovativ und klug zu sprechen, denn das ist alles lediglich eine Frage des Handwerks und der sachgerechten Analyse. Was eine Predigt zur Predigt macht, ist ihre Transparenz für das, was sie selbst nicht zu Wort bringen kann. Dass das Wort der Predigt zum Wort Gottes wird für die, die es hören, ist ein wundersames Geschehen, das kein Prediger machen, jeder Prediger aber verhindern kann. Verhindern wird er es nämlich dann, wenn er sich durch seine Worte und Gedanken so sehr ins Zentrum setzt, dass die Predigt nicht mehr von Gott handelt, sondern von ihm selbst. Die Versuchung ist gross, bewusst oder auch nicht, sicher aber an jedem Sonntag von neuem. Ob ich ihr immer habe widerstehen können, bezweifle ich. Lieber Leser, liebe Leserin: Entscheide selbst!

Zu danken habe ich den Menschen, die bereit waren, mich über all die vielen Jahre zu hören und mich mit ihren kritischen und wohlwollenden Worten begleitet, gefordert und gefördert haben. Eine Predigt entsteht nie im luftleeren Raum, es ist immer ein Zusammenspiel der Vertikalen mit der Horizontalen, ein Gespräch, das mit Gott und zwischen Menschen stattfindet. Ohne Hörer*innen hätte ich nicht nur keine Resonanz gehabt, sondern auch nichts zu sagen. Besonderen Dank möchte ich Jana Klauser aussprechen, die mich bei der Textauswahl kritisch und kreativ beraten hat. Und auch Yves Roth, dem Künstler, durch dessen Hände der Umschlag zur Metapher geworden ist: Wo es um die Wurst geht, gebe ich gerne meinen Senf dazu.

Zürich, kurz vor meiner Abreise nach Reutlingen 2021 csm

1 Genesis und Exodus

Solange es Menschen mit Keulen in den Händen gibt
Karfreitag in Genesis 4

4,1 Und der Mensch erkannte Eva, seine Frau, und sie wurde schwanger und gebar Kain, und sie sprach: Ich habe einen Sohn bekommen mit Hilfe JHWHs. 2 Und sie gebar wieder, Abel, seinen Bruder. Abel wurde Schafhirt, und Kain wurde Ackerbauer. 3 Nach geraumer Zeit aber brachte Kain JHWH von den Früchten des Ackers ein Opfer dar. 4 Und auch Abel brachte ein Opfer dar von den Erstlingen seiner Schafe und von ihrem Fett. Und JHWH blickte auf Abel und sein Opfer, 5 aber auf Kain und sein Opfer blickte er nicht. Da wurde Kain sehr zornig, und sein Blick senkte sich. 6 JHWH aber sprach zu Kain: Warum bist du zornig, und warum ist dein Blick gesenkt? 7 Ist es nicht so: Wenn dir [dein Leben] gelingt, ist dein [Blick frei] erhoben. Wenn dir [dein Leben] aber nicht gelingt, lauert die Sünde an der Tür, und nach dir steht ihre Begierde, du aber sollst Herr werden über sie. 8 Darauf redete Kain mit seinem Bruder Abel. Und als sie auf dem Feld waren, erhob sich Kain gegen seinen Bruder Abel und schlug ihn tot. 9 Da sprach JHWH zu Kain: Wo ist dein Bruder Abel? Er sprach: Ich weiss es nicht. Bin ich denn der Hüter meines Bruders? 10 Er aber sprach: Was hast du getan! Horch, das Blut deines Bruders schreit zu mir vom Ackerboden. 11 Und nun – verflucht bist du, verbannt vom Ackerboden, der seinen Mund aufgesperrt hat, um aus deiner Hand das Blut deines Bruders aufzunehmen. 12 Wenn du den Ackerboden bebaust, soll er dir fortan keinen Ertrag mehr geben. Rastlos und heimatlos sollst du auf Erden sein. 13 Da sprach Kain zu JHWH: Meine Strafe ist zu gross, als dass ich sie tragen könnte. 14 Sieh, du hast mich heute vom Ackerboden vertrieben, und vor dir muss ich mich verbergen. Rastlos und heimatlos muss ich sein auf Erden, und jeder, der mich trifft, kann mich erschlagen. 15 JHWH aber sprach zu ihm:

Fürwahr, wer immer Kain erschlägt, soll siebenfach der Rache verfallen. Und JHWH versah Kain mit einem Zeichen, damit ihn nicht erschlage, wer auf ihn träfe.

Kain und Abel sind die beiden Kinder von Adam&Eva, der eine Bauer, der andere Hirte, der eine Schwingerkönig, der andere Flötenspieler, und das sind letztlich auch wir, je nach Situation mal Täter, mal Opfer. Abel, nb., heisst auf Hebräisch *häbäl,* was *Windhauch, Luftzug* bedeutet, und das ist kein guter Name, wenn man Kains Bruder ist. Noch aber sind beide fleissig und fromm und bringen Gott ganz selbstverständlich ein Dankesopfer für die Gaben der Schöpfung. Und es kommt, wie es kommen muss: Fett brennt und riecht besser als Gemüse, und Gott schaut nur auf Abels Opfer an. Weshalb diese Ungerechtigkeit, gäbe es auch nur *einen Grund* dafür? Es ist letztlich unbegreiflich, dass wir manchmal von Gott nichts hören, nichts merken, ihn nicht verstehen und fast verzweifeln, ohne einen Grund für sein Schweigen zu erkennen. Es gibt Schicksale, die nur unbegreiflich sind. Wie Kain und sein Opfer.

Und Kain senkt seinen Blick. Wer sein Herz verfinstert, der schaut nicht mehr offen und frei ins Leben, sondern kneift die Augen zusammen, ballt die Fäuste und schaut auf den Boden. Es gibt keine Alternativen mehr, nur noch das eine. Da spricht ihn Gott an: *7 Ist es nicht so: Wenn dir [dein Leben] gelingt, ist dein [Blick frei] erhoben. Wenn dir [dein Leben] aber nicht gelingt, lauert die Sünde an der Tür, und nach dir steht ihre Begierde, du aber sollst Herr werden über sie.* Oft wird dies so übersetzt: *Wenn du gut tust, darfst du (zu mir) aufschauen, wenn nicht, lauert die Sünde vor der Türe,* aber das stimmt nicht und ist viel zu moralisch, denn Gott droht Kain nicht, sondern erklärt ihm die Situation: Solange dein Leben gelingt, ist es einfach. Sobald aber Dinge passieren, die nicht geplant sind oder nur schlecht einzuordnen, beginnt die Versuchung.

Wenn das Leben nicht gut läuft, wenn Frustration sich bildet, hakt die Sünde ein mit schnellen Lösungen: *Ohne Konkurrent bist du die Nr.1. – Je schlechter du die anderen machst, desto besser stehst du da. – Diese Lüge, dieser Betrug, dieser Diebstahl ist keine grosse Sache, alle anderen machen das auch. – Wenn du schon nicht darfst, dann soll der andere auch nicht dürfen.* Hinter all dem steckt nichts anderes als die nackte Angst, dass wir unbedeutend bleiben, ungehört, wertlos. Wie schon bei Kain schreit auch in uns das kleine Kind nach Beachtung der Eltern, und aus lauter Angst, nicht gehört zu werden, schlägt es wild um sich. Wo wir Angst haben, lauert die Sünde. *Lass diese Angst dich nicht beherrschen!* rät Gott Kain, nicht als Drohung, sondern als liebevoller Rat. Denn Gott hat ihn nicht vergessen, auch wenn er sich so vorkommt, sondern im Gegenteil: Er traut ihm Schwieriges zu, nämlich Situationen zu meistern, die nicht einfach sind, nicht verständlich, die ungerecht scheinen und unfair. Denn die Welt jenseits von Eden ist eine solche Welt. *Es gibt Situationen, die es auszuhalten gilt, auch wenn sie nicht verständlich sind – kannst du das? Willst du das?* Leben in einer Welt jenseits von Eden.

Als ob er nichts gehört hätte, schreitet Kain zur Exekution. Und Abel, der Windhauch, liegt in seinem Blut erschlagen auf dem Feld, er, der am wenigsten dafür kann, dass Kain die Welt nicht mehr versteht, dass Gott manchmal nicht mit uns spricht, dass jenseits von Eden die Dinge nicht so eindeutig und klar sind, wie sie diesseits waren. Warum hat er nicht mit Abel gesprochen, ihm seine Frustration anvertraut? Warum hat er nicht mit Gott gestritten, sondern den Bruder erschlagen? Warum greift er zur Keule, wenn er doch hätte fragen können?

Noch fragt Gott: *Kain, wo ist dein Bruder?* Wir erinnern uns, wie er schon im Paradies gefragt hat: *Adam, wo bist du?* Noch hätte Kain die Möglichkeit, sich zu erklären und um Gnade zu flehen, aber er lügt: *Ich weiss es nicht,* und er macht sich über Gott lustig: *Bin ich etwa der Hüter deines Schafhüters?* Er rennt mit offenen Augen ins Verderben. Aber seine Tat wird er nicht los, der Riss in der Schöpfung, den der erste Mord verursacht hat, schliesst sich nicht wieder, sogar der Erdboden schreit und klagt ihn an. Dieser

Schuld wird er nicht entkommen, so geschickt er sich auch versteckt. Es ist nur eine Frage der Zeit, bis sie ihn einholt.

Und was macht Gott? Es wäre sein Recht, Kain zu töten. Aber er verzichtet und liefert Kain der Konsequenz seines Tuns aus: Wer sich gegen das Leben versündigt, wird vom Leben ausgeschlossen. Der Boden verweigert sich ihm ebenso wie die Menschen, er ist aus der Gemeinschaft verbannt. Aber weshalb nimmt ihm Gott nicht das Leben? Würde das auch nur einen einzigen weiteren Mord verhindern? Rechtfertigt ein Fehler den nächsten? Gott straft, indem er die Menschen die Wege gehen lässt, die sie wählen, mit allen Konsequenzen. Ich stelle mir vor: Gott steht neben diesem Weg und fragt sich kopfschüttelnd und tief enttäuscht, ob dieses Morden je ein Ende nehmen wird.

Noch zu erwarten war, dass Kain um Gnade bittet: *Meine Strafe ist zu gross, als dass ich sie tragen könnte, und jeder, der mich trifft, kann mich erschlagen.* Überraschend aber ist, dass Gott auf die Bitte eingeht. Weshalb? Hat Kain nicht bereits viel mehr erhalten, als er verdient hätte? Und doch reisst ihn Gott auch noch aus dieser Strafe heraus und beschützt ihn, garantiert ihm Sicherheit, verteidigt den Mörder vor Mord: Das Kainsmal ist das Zeichen des göttlichen Schutzes. Aber weshalb? Realisiert Gott, dass das Morden immer weitergeht, wenn er den Mörder den Feinden ausliefert? Dass es noch gar keine anderen Menschen gibt, interessiert die Geschichte nicht, denn es geht um das existentiell Wesentliche, nicht um historische Details: Gott duldet kein Unrecht, und sei es Unrecht gegen einen Unrechten. Lieber verzichtet er auf sein Recht, als dass er weiteres Unrecht damit zulässt.

Und jetzt, am Ende der Geschichte Kains, sind wir beim Karfreitag angelangt. Mit dem Kainsmals steht Gott dem Täter bei, setzt er den ins Recht, der Unrecht hat. Kommt uns das bekannt vor? Wie kann Gott das Problem *Mensch* lösen, wenn der Mensch zeitlebens nichts Besseres weiss, als zur Keule zu greifen? Soll er selbst zum Mörder werden? Soll er das Projekt abbrechen und die Menschen beseitigen? Soll er ihnen die Freiheit eigener Entscheidung nehmen und sie zum Tier degradieren? Was soll er denn tun? Will er Menschen, dann muss er Mörder in Kauf nehmen, will er Recht, muss er auf sein Recht verzichten, will er Frieden, müsste er ihn mit Gewalt durchsetzen, will er Liebe, muss er mit Hass rechnen. Solange der Mensch die Möglichkeit hat, andere Menschen zu erschlagen, wird er es auch tun. Hätte er diese Möglichkeit nicht mehr, wäre er kein Mensch mehr. Was soll Gott tun?

Gott wählt: Er lässt dem Menschen die Freiheit und sein Menschsein, und er nimmt in Kauf, dass damit die Menschheit unweigerlich in den Tod marschiert. Nicht nur in den biologischen Tod, sondern in den geistlichen Tod. Wer so lebt wie wir, kann nicht zu Gott zurückkehren, es klebt zu viel Blut an ihm. Er bleibt im Tod gefangen. Und darum wählt Gott das Unmögliche: Er, der Unsterbliche, das Sein an sich, nimmt Sterblichkeit an, wählt das Nicht-mehr-Sein und geht in den Tod. Er wählt das logisch-metaphysisch Unmögliche und stirbt auf Golgatha. Und er ist tot, ganz tot. Aber er bleibt nicht tot, sondern sprengt die Pforten des Todes, um die Menschen, die es nicht verdient haben, zu sich zurück ins Leben zu holen. Wie damals bei Kain: Rettung für den, der es nicht wert ist. Und jetzt wissen wir auch, wie dieses Kainsmal aussieht: Es ist das Zeichen des Kreuzes. Das Zeichen tiefster Schuld und zugleich grösster Erlösung. Wer es trägt, weiss: Ich bin zurecht verurteilt. Und vertraut: Gott lässt auch mich nicht im Stich.

Nichts kann dich, Kain, von Gott trennen, selbst wenn du deinen Bruder erschlagen hast. Nichts könnte ihn hindern, dir selbst bis in deinen selbstgewählten und selbstverdienten Tod zu folgen. Was damals als Zeichen für den Ersten galt, gilt heute auch noch für den Letzten. Solange es Menschen mit Keulen in der Hand gibt, kann Gott das Problem *Mensch* nicht anders lösen, als dass er sich selbst erschlagen lässt. Und er wird sich durch nichts davon abhalten lassen. Lieber Kain, liebe Kain: Es ist deine Schuld, dass es so weit gekommen ist. Ich sehe die Keule noch immer in deiner Hand. Und die Löcher in seiner. Aber darum auch das Mal auf deiner Stirn.   Amen.

Der Berg der Sorgen
Unsägliches in Genesis 22

22,1 Gott sprach zu Abraham...: Nimm deinen Sohn, deinen Einzigen, den du lieb hast, Isaaq, und geh in das Land Morija und bring ihn dort als Brandopfer dar auf einem der Berge, den ich dir nennen werde. 3 Am andern Morgen früh sattelte Abraham seinen Esel und nahm mit sich seine beiden Knechte und seinen Sohn Isaaq. Er spaltete Holz für das Brandopfer, machte sich auf und ging an die Stätte, die Gott ihm genannt hatte. 4 Am dritten Tag blickte Abraham auf und sah die Stätte von ferne. 5 Da sprach Abraham zu seinen Knechten: Bleibt ihr hier mit dem Esel, ich aber und der Knabe, wir wollen dorthin gehen, und wenn wir angebetet haben, wollen wir zu euch zurückkommen. 6 Dann nahm Abraham das Holz für das Brandopfer und lud es seinem Sohn Isaaq auf. Er selbst nahm das Feuer und das Messer in die Hand. So gingen die beiden miteinander. 7 Da sprach Isaaq zu seinem Vater Abraham: Vater! Er sprach: Hier bin ich, mein Sohn. Er sprach: Sieh, hier ist das Feuer und das Holz. Wo aber ist das Lamm für das Brandopfer? 8 Abraham sprach: Gott selbst wird sich das Lamm für das Brandopfer ausersehen, mein Sohn. So gingen die beiden miteinander. 9 Und sie kamen an die Stätte, die Gott ihm genannt hatte, und Abraham baute dort den Altar und schichtete das Holz auf. Dann fesselte er seinen Sohn Isaaq und legte ihn auf den Altar, oben auf das Holz. 10 Und Abraham streckte seine Hand aus und ergriff das Messer, um seinen Sohn zu schlachten. 11 Da rief ihm der Bote JHWHs vom Himmel her zu und sprach: Abraham, Abraham! Er sprach: Hier bin ich. 12 Er sprach: Strecke deine Hand nicht aus gegen den Knaben und tu ihm nichts, denn nun weiss ich, dass du gottesfürchtig bist, da du mir deinen Sohn, deinen Einzigen, nicht vorenthalten hast. 13 Und Abraham blickte auf und sah hin, sieh, ein Widder hatte sich hinter ihm mit seinen Hörnern im Gestrüpp verfangen. Da ging Abraham hin, nahm den Widder und

brachte ihn als Brandopfer dar an Stelle seines Sohns. 14
Und Abraham nannte jene Stätte: JHWH-sieht, wie man
noch heute sagt: Auf dem Berg, wo JHWH sich sehen lässt.

Die Geschichte der Beinahe-Opferung Isaaqs gehört
zweifelsohne zu den Top-3 der unbegreiflichen Erzäh-
lungen der Bibel. Gott stellt den, den er auserwählt hat, auf
die Probe, indem er das Opfer des eigenen Sohnes fordert.
Emotionslos, als ob es zum Picknick auf den Hausberg
ginge, wird die Geschichte erzählt. Dabei steht das Leben
des einzigen Kindes auf dem Spiel. Was hat Abraham gedacht? Kein Wort davon. Und was Sara und Isaaq, die auch
gemerkt haben werden, dass es ums Ganze geht und nicht
bloss um ein Gebet, wie Abraham es ihnen vorgaukelt
(V4)? Abraham trägt das Feuer und das Messer – und der
Junge das Holz des eigenen Scheiterhaufens. Und sie gehen
schweigend nebeneinander (V6.8). Noch nie hat man in Israel Menschenopfer dargebracht, und ausgerechnet jetzt,
wo das Volk Gottes entstehen soll, soll alles ein jähes Ende
nehmen. Isaaq fragt nach dem Opfertier, und Abraham
stiehlt sich in Halbwahrheiten: Gott werde es sich selbst er-
wählen. Gott *hat* es sich bereits erwählt! (V7f). Dann
schweigen beide, denn sie wissen, was kommt, und es gibt
keine Worte für das Grauen. Das Kind ist schon gebunden,
das Messer gewetzt, der Arm erhoben zum tödlichen Hieb –
da endlich greift Gott ein. *Es genügt, mehr brauche ich*
nicht zu sehen. Ein Widder ist Ersatz, das Opfer brennt,
Vater und Sohn verlassen den Berg. Und was sehen sie,
wenn sie sich in die Augen schauen? Den fanatischen
Vater, der seinem Gott selbst den Sohn schlachtet? Das
Opfer, das unschuldig einen sinnlosen Tod erleiden soll?
Ein Familiendrama, das nie eine Erklärung finden wird?

Was hier geschieht, ist das persönliche Standgericht, das
am ahnungslosen Abraham vollzogen wird. Keine Anhö-
rung, kein Rechtsbeistand, und das Urteil steht von Anfang
an fest. Nachdem der Gerichtssaal geräumt worden, bleibt
nur noch etwas im Raum: Die Frage nach dem Warum.

Das Verständnis dieser Geschichte ist seit jeher schwierig, und auch wenn wir keine Erklärung finden, so wissen wir, dass wir zu solchem Gehorsam nicht fähig wären – und dass ein solches Erlebnis unser Gottesbild nachhaltig schädigen würde. Es scheint mir geraten, einen anderen Zugang zu wählen, und zwar den der Retrospektive. Wir gehen die Geschichten von hinten her an und fragen, welche Erfahrungen in ihnen verarbeitet werden. Können wir sie nachvollziehen? Gibt es Anknüpfungspunkte, die uns helfen, diese Geschichte besser zu verstehen und damit auch unser eigenes Leben?

Ich sehe drei Erfahrungshorizonte: Den historischen, den familiären und den spirituellen. *Zum historischen:* Die atl. Wissenschaft nimmt an, dass sich in dieser Geschichte die Praxis des kanaanäischen Opferkultes spiegelt. Die Kanaanäer sind die Ureinwohner Israels und brachten in Jerusalem, das sie gegründet hatten, auf dem Berg ihren Göttern Menschenopfer dar. Das hebr. Wort für *sehen (jarah)* kommt häufig vor (7x), und es klingt ähnlich wie *Jerusalem,* und so wird der Berg Morija zum Berg Jerusalem, dem Ort der Opfer. Die Geschichte nimmt das Opfer auf, zeigt aber, wie der neue Gott und Herr über Jerusalem diesen Ritus abschafft: Jetzt braucht es keine Opfer mehr, JHWH sucht sich sein Opfer selbst, nicht aber unter den Menschen. Eine interessante, allerdings lediglich historische Erklärung, aber immerhin ein Anfang.

Im Horizont der eigenen Familie kommt hier die Erfahrung zur Sprache, ein eigenes Kind zu verlieren: Krankheit, Unfall, plötzlicher, unzeitiger, sinnloser Tod. Es gibt für Eltern kaum Schlimmeres. Gerade für uns Christ*innen, die an die gute Hand Gottes glauben und nicht an das gleichgültige Schicksal, ist es nicht verständlich, wenn uns unsere Kinder genommen werden. Wie kann Gott das zulassen – oder sogar wollen? Hätte er es nicht verhindern können? Es ist oft mein Gebet, dass ich vor meinen Kindern sterben darf und nicht nach ihnen sterben muss. Die Geschichte von Abraham nimmt etwas davon auf: Das Unsägliche eines solchen Todes, das im Glauben an den guten

Gott noch schlimmer wird. Hier wird als Geschichte verdichtet erzählt, wofür sonst die Worte fehlen. Und es wird bei aller Dunkelheit auch erzählt, dass Gott rettend eingreift, dass er unsere Kinder nicht zum Opfer will, sondern zum Leben. Gott ist ein Gott des Lebens und nicht des Blutes. Auch wenn immer wieder Blut fliesst in dieser Welt und wir darin keinen Sinn sehen, so ist dies nicht der Wesenskern Gottes. *Tu dem Knaben nichts! – das* ist das Wesen Gottes.

Und schliesslich *der Erfahrungshorizont der Spiritualität:* Wer würde tun, was Abraham tat? Niemand. Aber wer hätte sich noch nie auf einem solchen Berg der Sorgen und der Verzweiflung befunden? Wem hätte es noch nie die Sprache verschlagen, weil das Leben sich von seiner garstigen Seite gezeigt hat? Der Lebensweg führt steil hinauf, aber rings um uns nur Mauern ohne Perspektiven. Was wir als Antwort auf unsere Fragen hören, ist nichts als das Echo unseres Schreis. Solche Stunden sind uns nicht unbekannt: plötzliche Arbeitslosigkeit oder Krankheit, das jähe Ende einer Beziehung, der Unzeitige Tod einer geliebten Person. Jetzt zu vertrauen und Gott nicht verzweifelt den Rücken zu kehren: Was für eine Aufgabe! Und an ebendiesem Vertrauen arbeitet die Geschichte von Abraham, der nicht aufgab und auch in schwerster Stunde auf die Liebe Gottes vertraute. *Und wenn ich auch gehe im Todesschattental,* wie es der Ps 23 sagt. Vertrauen in einen Gott, der so verborgen scheint.

Bevor wir diese Erfahrungshorizonte konkretisieren, möchte ich zwei Missverständnisse klären: *Erstens* geht es in der Geschichte *nicht* um die Frage, ob Abraham Gott mehr liebe als seinen eigenen Sohn. Es geht darum, ob er auch in tiefster Dunkelheit bereit ist, ihm zu vertrauen. Das ist ein Unterschied, und wer den nicht macht, kommt mit seinem Gottesbild in Teufels Küche.

Und *zweitens* ist ein Opfer nicht eine sinnlose Schlachtung. Im Opfer tritt der Mensch vor Gott und gibt ihm etwas von dem zurück, was er von ihm erhalten hat. Ein Brandopfer wie hier zB. drückt Dankbarkeit gegenüber

Gott aus, aber auch dessen Anspruch auf alles Leben: Von ihm kommt es, zu ihm geht es. Gott ein Kind zu opfern ist undenkbar, aber es hiesse dennoch nicht, es zu schlachten, sondern, es Gott als dem Herrn des Lebens zurückzugeben. Auch das ist ein Unterschied, den man machen muss. Damit ist die Geschichte noch nicht erklärt, aber der Verständnishorizont weitet sich.

Nun zur Konkretisierung: 1. Es gibt *Texte*, bei denen viele Fragezeichen bleiben, und für die weder blindes Vertrauen („ich glaube an die Bibel") noch scheinbare Allwissenheit („Die Bibel muss man nur lesen, dann versteht man sie auch") hilfreich sind. Das gilt es zu akzeptieren. Die Bibel ist kein Kochbuch, sondern ein Buch zum Leben, und nicht immer ist alles verständlich. Es gibt Erklärungsversuche, und wir brauchen nicht dumm vor solchen Geschichten zu stehen. Aber es gibt Texte, die sich unserem Verstehen entziehen. Sicher heute, vielleicht immer. Das heisst nicht, die Bibel nicht ernst zu nehmen, im Gegenteil: Es heisst, die Bibel so ernst zu nehmen, dass wir sie nicht vereinnahmen, sondern ein Buch sein lassen, das uns auch fremd ist, weil es nur so kritisch zu uns sprechen kann. Wer immer alles weiss, lässt sich nichts mehr sagen.

2. Es gibt *Erfahrungen*, bei denen viele Fragezeichen bleiben. Erfahrungen, die einem das gute Leben ohne Vorwarnung aus der Hand schlagen. Für *solche* Erfahrungen ist diese Geschichten geschrieben, denn sie zeigt: Du bist nicht der einzige, der solches erlebt, und du wirst auch nicht der letzte sein. Gerade in diesen äusserst schwierigen Situationen hast du die Möglichkeit, dich in jenem Text zu finden und dir von ihm sagen zu lassen, was er zu sagen hat. Die Geschichte von Abraham und Isaaq ist keine Geschichte für das normale Leben, sondern eine extreme Geschichte für Menschen in extremen Situationen. Erst hier, erst jetzt beginnt sie zu sprechen. Und erst jetzt verstehen wir.

3. Und sie hat *vieles zu sagen:* Das Leben mit Gott führt dich zuweilen auf Wege, die unheimlich sind: beengende Tiefen – schwindelerregende Höhen. Weshalb Gott dir das

zumutet, weiss ich nicht, aber dass er es dir zumutet, zeigt, dass er dir vertraut. Brauchte Gott einen Beweis für Abrahams Glauben? Ich glaube nicht, aber vielleicht musste Abraham bereit werden, seine Hände zu öffnen und loszulassen, woran er sich zu sehr geklammert hat. Und dann, erst dann konnte er zum Verheissungsträger einer Jahrtausende währenden Geschichte werden. Vielleicht musste er ganz persönlich einsehen, dass Gott keine Menschenopfer will und auch keine Menschen, die sich ihm opfern. Sondern Menschen, die ihm so vertrauen, dass sie auch das loszulassen bereit werden, was sie nie loslassen wollten und sich darum im Leben festgekrallt haben, bis es tödlich wird. Gott sucht Menschen, die zwar nur den Berg vor sich sehen, ihn aber trotzdem besteigen, weil sie Gott rufen hören. Und darauf vertrauen, dass sie keinen Weg alleine gehen, so ausweglos er auch scheinen mag. Wie damals Abraham mit seinem einzigen, geliebten Kind.

Und wie damals jener Sohn, der den hoffnungslosen Weg ans Kreuz ging, weil er darauf vertraute, dass er ihn nicht ohne den Vater gehen wird. Und erfuhr, dass gerade hier, in der tiefsten Hoffnungslosigkeit, die grösste aller Hoffnungen geboren wurde.

Amen.

Wo Jakob, wo Esau?
Die beiden Streithähne in Genesis 25

25,19 Dies ist die Geschichte Isaaks, des Sohns Abrahams. 20 Isaak war vierzig Jahre alt, als er sich Rebekka zur Frau nahm, und seine Frau wurde schwanger. 24 Und es kam die Zeit, da sie gebären sollte, und sieh, da waren Zwillinge in ihrem Leib. 25 Der Erste, der hervorkam, war rötlich, über und über mit Haaren bedeckt wie mit einem Fell, und man nannte ihn Esau. 26 Danach kam sein Bruder hervor, und seine Hand hielt die Ferse Esaus fest, und man nannte ihn Jakob. Isaak aber war sechzig Jahre alt, als sie geboren wurden. 27 Und die Knaben wuchsen heran. Esau wurde ein Mann, der sich auf die Jagd verstand, ein Mann des freien Feldes. Jakob aber war ein gesitteter Mann, der bei den Zelten blieb. 28 Isaak liebte Esau, weil er gern Wildbret ass. Rebekka aber liebte Jakob. 29 Einst kochte Jakob ein Gericht. Esau aber kam erschöpft vom Feld. 30 Und Esau sprach zu Jakob: Lass mich doch schnell von dem Roten essen, von dem Roten da, denn ich bin ganz erschöpft. Darum nennt man ihn Edom. 31 Jakob aber sprach: Verkaufe mir zuvor dein Erstgeburtsrecht. 32 Esau sprach: Ach, ich sterbe fast vor Hunger. Was soll mir da die Erstgeburt? 33 Jakob sprach: Zuerst schwörst du mir! Und er schwor ihm und verkaufte Jakob sein Erstgeburtsrecht. 34 Da gab Jakob dem Esau Brot und Linsen. Der ass und trank, stand auf und ging davon. So gering achtete Esau das Erstgeburtsrecht.

Jakob ist ein beliebter Name, bis in unsere Zeit: Mein Schwiegervater hiess so und auch zwei Jünger und der Bruder von Jesus. Dabei ist Jakob ein Lügner und Betrüger, ein Muttersöhnchen der üblen Art, ein hinterlistiger, ruchloser Gauner. Schon im Bauch der Mutter hatten die beiden Kinder Streit, und kaum war Esau auf der Welt, streckt Jakob seine Hand heraus, als ob er den Erstgeborenen noch überholen wollte. Später, schon erwachsen, blieb er gerne bei den Zelten, gesittet war er, vielleicht sogar gebildet, und er kocht gerne. Das Herzchen der Mutter! Esau jedoch ist der Mann fürs Grobe, stark und gross, rot wie Hagenbutte und behaart wie die Verwandten auf den Bäumen. Geistig wohl nicht ganz fit, er kennt weder das Wort für Linsen noch den Wert der Erstgeburt, die ihm sein Erbe sichert und den Familiensegen verheisst. Er hat Hunger und will essen, und für einen Teller Suppe gibt er alles her. Immerhin: Er war der Liebling des Vaters, vielleicht gerade wegen seiner grobschlächtigen Naivität.

Jakob ist listig und schlau, allerdings hat er keine Zeugen für seine Segenstransaktion, wer wird ihm den Betrug abnehmen? Er hätte es dabei bewenden lassen können, aber er geht noch einen Schritt weiter: *Gen 27,1 Als Isaak alt geworden war, rief er Esau und sprach: Nimm dein Jagdgerät, geh aufs Feld und erjage mir ein Wild. Dann bereite mir mein Leibgericht zu, und ich will essen, damit ich dich segnen kann, bevor ich sterbe. 6 Da sprach Rebekka zu ihrem Sohn Jakob: Sieh, ich habe gehört, was dein Vater zu deinem Bruder Esau sprach. 9 Geh zur Herde und bring mir zwei schöne Zicklein. Ich will deinem Vater das Leibgericht zubereiten, das bringst du ihm zum Essen, damit er dich segne, bevor er stirbt. 11 Jakob aber sprach: Sieh, mein Bruder Esau ist behaart, ich aber bin unbehaart. 15 Dann nahm Rebekka das Festgewand Esaus und zog es Jakob an. 16 Die Felle von den Zicklein aber legte sie um seine Hände und um seinen glatten Hals. 18 So ging er zu seinem Vater und sprach: Mein Vater! Ich bin Esau, dein Erstgeborener. Ich habe getan, was du mir gesagt hast. 23 Und Isaak erkannte ihn nicht, denn seine Hände waren behaart wie die Hände seines Bruders Esau. Und so segnete er ihn. 30 Kaum hatte Isaak Jakob gesegnet, kam sein Bruder Esau von der Jagd. 32 Isaak aber sprach: Wer bist du? Er sprach: Ich bin dein erstgeborener Sohn Esau. 33 Da sprach Isaak: Wer war es denn, der Wild gejagt und es mir gebracht hat, und den ich gesegnet habe? Er wird auch gesegnet bleiben. 34 Als Esau die Worte seines Vaters hörte, schrie er laut auf und klagte bitter. 37 Isaak sprach:*

Sieh, ich habe ihn zum Herrn über dich gesetzt, und Esau begann laut zu weinen. 39 Da antwortete sein Vater Isaak: 40 Von deinem Schwert wirst du leben, und deinem Bruder wirst du dienen. Doch, wenn du dich losreisst, wirst du sein Joch von deinem Nacken schütteln.

Jakob ist ein Wiederholungstäter, und diesmal nicht im Geheimen, sondern vor den blinden Augen seines Vaters unter der Ägide seiner Mutter. Was ist denn das für eine Familie? Die Mutter hinterlistig, der Sohn verschlagen, der Älteste naiv und das Familienoberhaupt vergreist. Es ist nicht da erste Mal, dass in dieser Familie Streit ausbricht, und es wird auch nicht das letzte Mal sein, arge Konflikte verdüstern sie wie der Novembernebel unsere Stadt. Und so wird auch Jakob den Fluch seines Betruges nie mehr los werden: Er muss fliehen, wird von Onkel Laban um seine geliebte Braut betrogen, muss wegen eines Streites erneut fliehen, seine Frau stiehlt und lügt, und auch unter seinen Söhnen bricht Streit aus: Josef wird verkauft und versklavt. Die Geschichte endet erst im hohen Alter Jakobs, als die ganze Familie nach Ägypten zieht – und viel Streit und Zank, Lug und Trug wird bis dahin noch zu erleiden sein. Ein Familienfluch, und alle sind auf ihre Art davon betroffen. Wo die Lüge in eine Familie einzieht, kann sich niemand mehr entziehen.

Weshalb hat Isaaq nur einen Segen? Hätte er Esau auch gesegnet, wäre diese leide Sache schnell vergessen gewesen. Es ist jedoch nicht bloss der Segen eines Vaters für seine Kinder, sondern der Segen der Verheissung, den schon Abraham empfangen hat, und der geht nur auf eine Person weiter. Und Gott schaut zu. Hat er all das etwa gewollt? Will Gott Lug und Trug? Da würde er ja seinen eigenen Geboten widersprechen. Vielmehr passt Gott sich an: Er fügt sich den Entscheidungen der Menschen und lässt den Betrüger Jakob nicht sterben, sondern verleiht ihm den Segen, den er sich erschlichen hat. Ganz seltsam, unerklärlich und letztlich auch unverständlich mischen sich Gottes Willen und des Menschen Wirken. Sicher ist: Gott will das Gute, und am Ende wird sich das Gute durchsetzen. Das ist hoffnungsvoll, den Rest der Geschichte finde ich persönlich eher deprimierend, er erinnert mich an uns und unsere Zeit. Viel scheint sich nicht geändert zu haben.

Aber halt! Etwas ist vergessen gegangen: Esau und der kryptische Spruch seines Vaters: *Wenn du dich losreisst, wirst du sein Joch von deinem Nacken schütteln.* Das tönt schon fast nach einem delphischen Orakel. Aber es hat viel Wahres an sich: Esau hat nach der Flucht von Jakob, der seinen Zorn zurecht fürchtet, zwei Möglichkeiten: ewigen Groll und den Rest seines Lebens das Opfer des Betrugs sein oder sich losreissen vom Hass und den Rachegedanken, einen Schlussstrich ziehen und seine psychische und spirituelle Freiheit wiedergewinnen.

Er hat die zweite Option gewählt und lebt mit seinem Vater bei den Herden, erbt nach dessen Tod den Besitz, gründet eine Familie und findet Frieden. In vielen Jahren wird Jakob zurückkehren voller Angst und Bange vor seinem Bruder. Aber Esau wird seine Hand ausstrecken und seinen Bruder umarmen. Er hat vergeben, er hat sich vom Familienfluch gelöst. Er ist frei. So frei, wie es Jakob sein Leben lang nie sein wird.

Auf den ersten Blick scheint diese Familiengeschichte ziemlich anders zu sein als unsere Geschichten, aber vielleicht findest auch du dich und deine Familie wieder in ihr, wenn du etwas länger hinschaust. Und vielleicht findest du auch Jakob und Esau in deiner Geschichte. Der eine, der lügt und betrügt, sich selbst und auch die anderen, und darum immer auf der Flucht ist. Es war seine Entscheidung, so zu handeln, und so muss er mit den Konsequenzen seines Tuns leben. Und der andere, der Betrogene, bleibt zurück, und auch er muss sich entscheiden, wie er leben will.

Wo bist du Jakob und auf der Flucht vor dir selbst, vor den falschen Entscheidungen deines Lebens? Das ist überall dort, wo wir Unruhe verspüren und Unbehagen, wo wir nicht gerne zurückschauen und hoffen, dass wir gewissen Personen nie mehr begegnen und unangenehme Umstände für immer hinter uns gelassen haben. Aber sie holen uns ein, immer wieder. Ist es wirklich so, dass damals, als dies oder jenes geschah, du so unschuldig warst, wie du es dir einredest? Oder bist du eben doch ein wenig wie Jakob, der sich der Wahrheit seines Leben entzieht, indem er von hier nach da und von da nach dort flieht?

Wo bist du Esau, der Betrogene, das Opfer böser Umstände und Pläne? Vergeltung hätte er üben können, es wäre sein Recht gewesen, aber sein Leben wäre davon bestimmt gewesen. Er hat sich für Versöhnung entschieden und dafür, nicht länger der Sklave des Unrechts zu sein, das ihm angetan worden ist. Er ist frei.

Wo bist du Jakob, wo Esau? Wo auf der Flucht vor der Wahrheit, wo vor der Entscheidung, Opfer zu bleiben oder frei zu werden? Möge Christus dir Wahrheit schenken und dich frei machen.

Amen.

Du sollst nicht – aber du darfst
Das Erste der 10 Gebote in Exodus 20

20,1 Und Gott redete alle diese Worte und sprach: 2 Ich bin JHWH, dein Gott, der dich herausgeführt hat aus dem Land Ägypten, aus einem Sklavenhaus. 3 Du sollst keine anderen Götter haben neben mir.

Die Zehn Gebote weisen interessante Eigenschaften auf: Erstens sind sie der einzige Text, der im Alten Testament zweimal (fast) genau gleich vorkommt (Ex 20; Dtn 5). Zweitens kennen Milliarden von Menschen die Zehn Gebote, aber drittens schafft es trotzdem kaum jemand, alle zehn auf Anhieb aufzusagen (ein kleiner Selbsttest wäre jetzt angebracht). Heute das erste Gebot: *Du sollst keine anderen Götter haben neben mir.*

Zuerst ein paar Gedanken zu **Form und Sprache**: Es gibt zehn Gebote, weil wir zehn Finger haben, so lassen sie sich besser memorieren. Sie sind in einfacher Sprache geschrieben, damit alle sie verstehen. Sie regeln in Form eines Katalogs die grundlegenden Beziehungen zwischen Mensch und Gott (1-4) und zwischen den Menschen (5-10), und dies im Befehlston, der keinen Widerspruch zulässt. Das *du sollst nicht* ist wörtlich ein verneintes Futur: *Du wirst nicht, gar nicht, nie!* Ohne jede Diskussion wirst du je auch nur daran denken, zu töten, zu lügen oder zu stehlen. Nur zwei der zehn sind positiv formuliert (Sabbat heiligen, Eltern ehren), alle anderen sind negativ – es sind weniger Gebote, sondern eher Verbote: Klare, deutliche, apodiktische Aussagen ohne Interpretationsspielraum. Und ohne Kreativität, wie etwa das Liebesgebot Jesu: *Liebe Gott, dienen Nächsten und deinen Feind.* Dieses Gebot lässt zwar offen, wie das zu bewerkstelligen ist, aber es eröffnet Welten, indem es an unsere Phantasie appelliert. Anders die zehn Gebote: Sie sind klar und diskussionslos – und etwas phantasielos.

Nun etwas zum **historischen Hintergrund** des ersten Gebotes: In der Umwelt Israels gibt es keinen Monotheismus, es gibt zwar Hierarchien unter den Göttern und je nach Region verschiedene Hauptgötter, aber die Vorstellung, dass es nur einen einzigen Gott gibt, ist den Völkern der Antike fremd. Vielmehr gehen sie davon aus, dass die Götterwelt genauso vielfältig ist wie die Menschenwelt. Auch Israel würde das bejahen, denn auch das erste Gebot spricht nicht davon, dass es *grundsätzlich* keine anderen Götter gibt (diese Idee entsteht erst viel später sehr zögerlich im Exil um ca. 500 vC.). Vielmehr soll es *für Israel* keine anderen Götter geben, Israel soll sich für den einen entscheiden und allen anderen absagen. Es ist also ein Wahlmonotheismus, der nicht die Existenz, aber die Bedeutsamkeit anderer Götter ausschliesst. So entsteht das erste Gebot in einer Situation echter Konkurrenz, und für Israel muss es ausserordentlich schwierig gewesen sein, dem Folge zu leisten. Denn in einer polytheistischen Welt ist es selbstverständlich, immer mehrere Götter gleichzeitig anzusprechen, um für das jeweilige Problem den richtigen Adressaten zu finden. Und da die Götter alle irgendwie miteinander verwandt sind, kommt der Gedanke der Treulosigkeit gar nicht auf, selbst dann noch nicht, wenn man Götter anderer Religionen verehrt.

Anders aber in Israel – und nun kommen wir zum Inhalt: Gott allein hat ein Anrecht auf dieses Volk, denn er allein hat es gerettet, ihm allein gehört es. Die Zehn Gebote stehen im Zusammenhang mit der Befreiung aus Ägypten (Ex 1-19), und Israel weiss, wem es seine Freiheit verdankt. Diese Rettung hat das Volk untrennbar mit seinem Gott verbunden, und nun sollen die Zehn Gebote die Zukunft dieser Beziehung ein für allemal klären. Darum erinnert Gott noch vor dem ersten Gebot an seine Rettungstat (V2), und damit niemand ihn mit einem anderen Gott verwechselt, nennt er seinen eigenen, heiligen Namen, den damals niemand aussprechen darf: *Ich bin JHWH, dein Gott.* Nicht das Volk als Kollektiv ist angesprochen, sondern der / die Einzelne. Es ist Gott ernst, darum die Nennung seines Namens, und er nimmt es persönlich, darum die direkte Ansprache: Du! Jede*r ist einzeln angesprochen, niemand kann sich verstecken oder hoffen, er/sie sei nicht gemeint. Aber auch jede*r hört den heiligen Namen. Rettung aus Todesgefahr – heiliger Name – persönliche Anrede: Diese intime Beziehung bildet die Grundlage der Zehn Gebote und ganz besonders des ersten.

Vielleicht verstehen wir jetzt, weshalb das erste Gebot in seinem historischen Kontext so wichtig ist für Israel. Aber für uns? Hat jemand von uns je zum vielarmigen Shiva oder zum elefantenköpfigen Ganesha gebetet, wenn Jesus nicht sofort antwortet? Hat jemand an Allah gedacht, wenn Gott unsere Bitten nicht erfüllt, wie wir es wollen? Wohl kaum. Für uns ist der Monotheismus das einzig Vernünftige oder zumindest das, woran wir so gewöhnt haben, dass wir es nicht in Frage stellen. Andere Götter anbeten – das ist nicht unser Problem.

An dieser Stelle reden Prediger gerne davon, was wir zu *unseren Göttern machen:* Geld, Handy, Ehepartner, Arbeit etc. Aber auch das ist zu oberflächlich: Niemand verehrt Geld, Telefon oder Ehefrau wie Gott. Oft setzen wir zwar falsche Prioritäten und legen zu viel Gewicht auf diese Dinge, aber wir beten sie nicht an, und wir wissen, dass sie nicht Gott sind. Meine Frau ist nicht Gott, meine Arbeit auch nicht. Wir nehmen die spirituelle Frage des ersten Gebots zu wenig ernst, wenn wir sie so simpel beantworten. Wir müssen tiefer bohren.

Beginnen wir damit, dass wir fragen, weshalb Gott seinem Volk dieses Gebot überhaupt abverlangt. Hat er Israel nicht eben erst gerettet? Sollte man nicht meinen, dass die Befreiung aus Ägypten der Anfang einer wunderbaren, ewigen Liebe ist? Wie könnte Israel an andere Götter denken, wo doch der Eine sich so für es eingesetzt hat? Weshalb anderes begehren, wo man doch schon alles hat? Wozu also dieses Gebot? Vielleicht erinnert diese Geschichte auch dich an die im Paradies: Weshalb von der Frucht des Baumes nehmen, wenn man alles hat, was man braucht? Aber Adam und Eva trauen der Sache nicht und gehen auf Nummer sicher: Was man hat, das hat man, und hilft es nichts, so schadet es auch nichts – oder eben doch.

Auch Gott wird sich an diese Geschichte erinnert haben und weiss, wie flüchtig die Liebe der Menschen ist. Darum dieses Gebot. Und er hat Recht: Während Mose die Gebotstafeln oben auf dem Berg in Empfang nimmt, tanzt das Volk unten bereits um das goldene Kalb.

Es geht nicht darum, ob wir zu viel Zeit mit dem Handy verbringen, es geht um die uralte und tief existentielle Frage, ob wir Gott wirklich vertrauen können und wollen. Darum, ob wir vertrauen können, dass Gott uns die Befriedigung, die uns das iPhone bietet, auch gibt. Dass er für die Sicherheit unseres Lebens sorgt, die wir uns mit Geld zu kaufen versuchen. Dass eine Beziehung mit ihm spannend und erfüllend bleibt. Dass er verlässlich ist, wenn wir ihn dringend brauchen. Dass er wirklich an uns interessiert ist. Können wir auf all das vertrauen, oder schauen wir uns nicht doch lieber noch anderswo um? Es geht nicht mehr um andere Götter, aber es geht um dieselbe Frage: Kannst du vertrauen? Du sollst dir keine Alternativen suchen! Oder positiv und kreativ formuliert: *Ich bin JHWH, dein Gott, auf mich kannst du dich verlassen, mit allem, was an dir ist, mit deinen Hoffnungen und deinen Ängsten, mit deinem Glauben und deinen Zweifeln, mit deinen Stärken und erst recht mit deinen Schwächen. Habe ich dich nicht schon so oft aus Ägypten gerettet?*

Nicht die Angst vor Strafe, sondern die Kraft eigener Erfahrung helfen für dieses Vertrauen in den Einen. 1. Was waren das denn für Erfahrungen – was ist dein Ägypten? Gerettet aus Todesangst, befreit aus Sklaverei, getröstet in Hoffnungslosigkeit, geleitet in dunkler Nacht? Sie allein machen aus dem *du sollst keine anderen haben* ein *du darfst Gott ganz vertrauen.* 2. Wo gelingt dir das? Knüpfe am Positiven, Gelungenen an, fokussiere nicht zu schnell auf das Defizit. Wo kannst du ganz vertrauen? 3. Dann bist du bereit zu fragen: Was brauche ich, damit ich auch dort vertrauen kann, wo ich zweifle, wo ich Angst habe, wo ich mir lieber eigene Sicherheit schaffe? Was brauche ich? *Ich bin JHWH, dein Gott, der dich aus Ägypten hat – mir darfst du vertrauen!* Amen.

Nächtlicher Blick über den Zaun
Das letzte der 10 Gebote in Exodus 20

20,17 Du sollst nicht das Haus deines Nächsten begehren; du sollst nicht die Frau deines Nächsten begehren oder seinen Knecht oder seine Magd oder sein Rind oder seinen Esel oder irgend etwas, das deinem Nächsten gehört.

Stell dir vor, du hast ein Haus, einen Garten und einen Zaun rund herum, und an diesem Zaun stehst du nun und schaust zum Haus deines Nachbars. Was würdest du, wäre dir ein Wunsch frei, von dem wählen, was ihm gehört? Sein Haus, weil es grösser ist? Seinen Wagen, weil er Mercedes fährt und nicht Dacia wie du? Oder seine Frau / ihren Mann, weil sie / er jünger oder sensibler ist als deine*r? Selbstverständlich sagst du, dass du nichts von alldem möchtest, weil du glücklich bist mit dem, was du hast. Aber in der Nacht, weil du nicht schlafen kannst, stehst du wieder am Zaun, niemand kann dich sehen, und da fällt dir der Wunsch wieder ein. Was würdest du *jetzt* wollen von dem, was deinem Nachbarn gehört?

Um solche und ähnliche Gedanken geht es beim zehnten und letzten Gebot. Es unterscheidet sich von den Geboten 2-9 dadurch, dass nicht die Menschen allgemein, sondern der Nachbar im speziellen im Fokus steht, das allernächste Umfeld also. Es wird detailliert ausgeführt, was gemeint ist: Sein Haus – das ist nicht nur das Gebäude, sondern seine ganze Familie, alles, was ihm gehört, auch seine Frau (ja, es war so: Die Frau ist Besitz des Mannes, gottseidank ist das heute anders), seine Knechte und Mägde (es sind wohl die Sklaven gemeint – gleiche Bemerkung wie oben), seine Tiere. Es geht um das Besitztum, es geht nicht um sexuelles Begehren seiner Frau gegenüber, das ist im 6. Gebot (Ehebruch) geregelt, und es geht auch nicht um Diebstahl, davon handelt das 7. Gebot. Es geht um den Blick, den du über den Zaun wirfst und darum, was dieser Blick mit deinem Herzen macht. Sind die Gebote 2-9 Dinge oder Verhalten, die man tun oder lassen kann (Götterbilder, lügen, stehlen, morden), so ist das 10. Gebot eine Frage der Einstellung – genau wie das erste: *Du sollst nur Gott anbeten.* Am Anfang wird die Vertikale geregelt, und am Ende die Horizontale, und so schliesst sich der Kreis: Ich, Gott und die Welt, die drei grossen Menschheitsthemen.

Wie ist das aber nun mit dem Begehren? Wenn man arm ist und zu wenig hat, weiss man, weshalb und was man begehrt. Aber wenn man schon alles hat: Hat man dann kein Begehren mehr? Gibt es keine nächtlichen Blicke mehr über den Zaun? Vielleicht nicht. Aber wahrscheinlich würde ein Blick *hinter* den Zaun in den eigenen Seelengarten enthüllen, dass auch friedliche Bürgerinnen und fromme Christen Begierden kennen. Dass auch sie haben wollen, was ihnen nicht gehört oder was sie nicht brauchen, dass auch sie zuweilen weder befriedigt noch zufrieden sind. Versuchen wir darum, diesen Begierden etwas auf die Schliche zu kommen und uns zu fragen, wie wir uns dagegen wehren können.

Unter vielen Möglichkeiten möchte ich drei Ursachen resp. drei Aspekte dieser Begierde anschauen und sie exemplarisch mit biblischen Figuren verbinden. Adam&Eva, Kain&Abel und Paulus, der Pharisäer. Der erste Aspekt ist ein geistlicher: *Adam&Eva* lebten in paradiesischer Harmonie und hatten alles, was sie sich wünschen konnten. Aber die Frucht des Baumes sah begehrlich aus (es ist dasselbe hebräische Wort), und sie liessen sich von der Schlange überzeugen, dass Gott ihnen etwas vorenthalte. Sie entwickelten Misstrauen, ob Gott es wirklich gut meine mit ihnen, und dies mitten in paradiesischer Fülle. Sie machten sich Sorgen, dass ihnen morgen nicht mehr zur Verfügung stehe, was sie heute haben. Ihre Begierde nach dem, was sie gar nicht brauchen, wurde grösser als das Vertrauen in den, der sie bisher jeden Tag ernährt hat. Es ist dies die Gier nach mehr, weil das Vertrauen fehlt, dass es morgen auch noch genug hat. Die Sorge um den morgigen Tag, obwohl der heutige und der gestrige Beweis genug wären, dass für uns gesorgt ist. Ein erster Aspekt der Begierde.

Ein zweiter findet sich bei *Kain&Abel*, der biographische Aspekt. Kain erschlug Abel, weil er sich über Gott ärgerte, der sein Opfer nicht annehmen wollte. Ist das Grund genug, den Bruder umzubringen? Vielleicht. Vielleicht aber hat diese Geschichte eine Vorgeschichte, eine Geschichte der Ablehnung, der Hintanstellung, der Ungerechtigkeit, die Kain erfährt gegenüber seinem Bruder. Vielleicht ist es auch nur das Gefühl, zu kurz gekommen und immer nur die Nummer 2 zu sein. Was auch immer passiert oder nicht wirklich passiert sein mag, irgendwann war es genug, Kain nimmt den Stein und erschlägt den Bruder. Immer hat er untendurch müssen, nie kam auf seine Rechnung. Und da entsteht die Gier nach mehr Leben, nach dem, was alle anderen haben ausser einem selbst. Begierde als verdichtete Frustration über ein Leben voller vermeintlicher Entbehrungen. Und wenn ich nicht bekomme, was ich will, dann nehme ich es mir einfach. Das Haus, die Frau und auch den Esel des Nachbarn.

Und schliesslich Begierde als Triebstau: *Paulus, der Pharisäer,* eifert mehr als alle Altersgenossen für das Gesetz, den Weg ins richtige, gottgefällige Leben, wie er meint. Und er ist so sehr überzeugt davon, dass er Verfolgung, Folter und Tod derer in Kauf nimmt, die seine Überzeugung nicht teilen. Liebe, die zu Hass wird, Leben, das in den Tod führt. Sigmund Freud sieht das Ich der Person umgeben vom Es (Triebe, Wünsche, Lüste) und vom Überich (Kontrolle, Moral, Rationalität). Wenn das Überich zu wenig kontrolliert, geraten die Lüste und Triebe des Es ausser Rand und Band, und umgekehrt (der Fall des Paulus): Wenn das Überich zu restriktiv ist, dann sucht sich das Es einen unbewussten Weg zur Erfüllung. Zum Beispiel zu töten im Namen Gottes, zu verfolgen für die Wahrheit des Gesetzes, einzusperren, damit aus der Liebe zum die Angst vor dem Gesetz wird. Ein Triebstau, der das Gute will und das Böse tut (vgl. dazu auch Rö 7). Begierde, die sich unbewusst aufbaut, obwohl man ein heiliges und gerechtes Leben zu leben vermeint. Und dann ist im Namen des Guten alles Böse erlaubt.

Was mit Begierde gemeint ist und woher sie kommen mag, verstehen wir jetzt vielleicht etwas besser. Aber die Frage, wie wir nicht begehren sollen, bleibt unbeantwortet. Wir haben drei Aspekte angeschaut – das ruft nach drei Antworten, nach einer trinitarischen Antwort.

Wenn du wie *Adam&Eva* die vielen Sorgen kennst, die die Zukunft bringt, und die Zweifel, ob es wirklich reichen wird, und wenn du suchst und gierst nach Sicherheit und Garantien, und wenn du merkst, wie die Sorgen dich zerfressen, dann denk an das erste Gebot: *Ich bin JHWH, dein Gott*. Das Herz des Vaters schlägt für dich und die Deinen, er wird für dich sorgen, wie er immer für dich gesorgt hat. Und ich sage das im vollen Bewusstsein, dass auch wir sterben, bedürftig bleiben, dass unsere Kinder unheilbar krank werden können. Ich sage es gerade deswegen: Das Herz des Vaters schlägt für dich. Sein Herz ist der Ort für deine Sorgen.

Und wenn du wie *Kain* schon immer das Gefühl hattest, dass dir Unrecht widerfährt und alle mehr haben als du, wenn sich dein Blick verfinstert und du voller Begierde auf die anderen schaust, dann lege deinen schweren Kopf und dein leeres Herz in die Hände dessen, der dir zum Bruder und zur Schwester wurde und der weiss, wie es ist, wenn man alles verliert. In den Händen von Jesus findest du Ruhe für deine geplagte Seele, aus seinen Händen empfängst du das Leben in Fülle, nach dem du dich sehnst. Und ich sage das, obwohl ich Einsamkeit kenne und Zweifel und langes Warten. Gerade deswegen sage ich es: In seinen Händen findest du wahres Leben. Seine Hände sind der Ort für deine Leere.

Und wenn du wie *Paulus* merkst, dass deine Triebe unkontrolliert über dich herrschen und du dir gierig alles einverleibst – oder umgekehrt: dass deine Angst alles kontrolliert und dein Leben zum steten Verzicht zwingt, wenn du ohne Mitte hin- und hergerissen bist zwischen dem Frust der Lust und dem Zwang der Kontrolle, dann vertraue dich dem Heiligen Geist an. Er ordnet und führt und klärt dein Leben, er ist deine Mitte und deine Wahrheit. Er vereint Es und Überich zum Ich, das befreit atmen und leben kann. Und das sage ich, obwohl ich diese Spannung kenne, dieses Ungleichgewicht, immer wieder in meinem Leben. Gerade deshalb sage ich es: Seine Kraft ist der Ort für deine Ruhelosigkeit.

Amen.

2 Propheten

Ins Leben sterben
Unappetitliche Heilungen in Hosea 5

*8 Stoßt ins Horn zu Gibea, in die Trompete zu Rama!
Erhebt das Kriegsgeschrei zu Bet-Awen: Dir nach,
Benjamin! 9 Ephraim soll zur Wüste werden am Tag, da ich
sie strafen werde. Den Stämmen Israels habe ich kund-
getan, was fest beschlossen ist. 10 Die Oberen von Juda
sind denen gleich, die die Grenze verrücken; darum will ich
meinen Zorn über sie ausschütten wie Wasser. 11 Ephraim
leidet Gewalt, zertreten ist das Recht; denn es gefiel ihm,
dem Nichtigen nachzulaufen. 12 Ich aber war für Ephraim
wie Eiter und wie Knochenfraß für das Haus Juda. 13 Als
Ephraim seine Krankheit sah und Juda sein Geschwür, zog
Ephraim hin nach Assur und schickte zum Großkönig. Aber
der kann euch nicht heilen noch euer Geschwür entfernen. 14 Denn ich bin für Ephraim wie ein Löwe und für
das Haus Juda wie ein junger Löwe. Ich, ich reiße sie und
gehe davon; ich schleppe sie weg, und niemand kann sie
retten. 15 Ich will wieder an meinen Ort gehen, bis sie ihre
Schuld büßen und mein Angesicht suchen; wenn's ihnen
übel ergeht, so werden sie mich suchen.*

Wer diese Hoseastelle nachschlägt, findet statt „Eiter und
Knochenfrass" in der Regel „Motte und Fäulnis". Das ist
die wörtliche Übersetzung. Weil aber im folgenden V13
von Krankheit und Geschwür die Rede ist, haben Exegeten
zu Recht darauf hingewiesen, dass die Verderbnis sich nicht
auf Kleider und Lebensmittel (eben: Motten und Fäulnis),
sondern auf Menschen bezieht, darum also Eiter (äusser-
lich) und Knochenfrass (innerlich). Das ist eine mutige und
mE. richtige Entscheidung, die sogar die ziemlich konser-
vative Lutherbibel 2017 aufnimmt.
　　Wir befinden uns etwa ums Jahr 740 vC., zwischen den
Bruderländern im Norden und Süden Israels ist ein Bruder-
krieg entflammt, Ephraim (Nordreich) gegen Juda (Südreich), dazu noch Pakte mit angrenzenden Grossmächten,

jeder gegen jeden, maW.: Nichts Neues unter der Sonne, noch heute ist die politische Situation der Region vergleichbar. Gott aber, dem Gott aller Stämme und aller Völker, wird es zu blöd, er zieht Lobpreis dem Kriegsgeschrei vor, Gerechtigkeit der Unterdrückung und echten Glauben dem Aber-, Un- und Götzenglauben. Er zieht sich aber nicht zurück, bis die Menschen wieder zur Vernunft kommen, denn jetzt ist er wirklich beleidigt, schockiert, zutiefst verletzt, und darum greift er ein: *Ich bin ihnen Eiter und Knochenfrass.* Es ist Gott dramatisch ernst, keine Rede von verzweifeltem Kopfschütteln, sondern von aktiver Zerstörung und Zersetzung. Wir haben schon oft von Gottes Ernsthaftigkeit gehört, aber jetzt haben wir eine Intensität erreicht, die kaum mehr zu übertreffen ist. Gott selbst schlägt zu, er tötet sein eigenes Volk.

Was für eine Aussage! Und was für eine spirituelle Leistung von Hosea. Er wagt es, seinen Leuten die Wahrheit ungeschminkt ins Gesicht zu sagen, und sie lautet: *Ihr seid selbst schuld. Ihr könnt niemanden für euer Unheil verantwortlich machen, ihr seid nicht Opfer, wie es euch angenehm wäre, ihr seid Täter, dass es zum Himmel stinkt.*

Wer ist so ehrlich zu sich selbst? Geht es dir nicht oft auch so, dass du, wenn du in der Tinte sitzt, zuerst den Schuldigen um dich herum suchst? Hosea zeigt mit dem Finger auf das eigene Volk: *Macht euch nichts vor, ihr seid es, denen Gottes Zorn gilt.*

Und dieser schonungslosen Abrechnung folgt ein theologischer Salto Mortale: Gott ärgert sich nicht nur, er bestraft nicht bloss, sondern zerstört. Er ist die Entzündung im Fleisch des Volkes, so dass es eitert und stinkt, und er zersetzt den Volkskörper von innen, und Gebeine zerbrechen, Knochen bersten, weil sie ausgefressen und ausgezehrt sind. Und niemand kann die Seuche heilen. Gibt es vergleichbar ätzende und unappetitliche Worte über Gott in der Bibel? Auch dies ist eine aussergewöhnliche Leistung: Wer wagt es, solche Worte über den Herrn der Welt zu schreiben? Wer würde, besonders heute, Gott eine aktiv zerstörerische Haltung zuschreiben? Konnte Gott nicht anders?

Oder wollte er nicht anders? Sprache und Verständnis kommen an ihre Grenzen. Aber tief in uns drinnen wissen wir nur zu genau, dass die Rede vom lieben Gott sicher nicht falsch, aber sicher auch nicht die einzige ist. Dieser Gott ist auch unser Gott, dieser Text ist auch unser Text.

Wie so oft hat aber auch dieser prophetische Text mehrere Dimensionen. Ich bin mir nicht sicher, ob Hosea sich dessen bewusst war. Einer der Gründe, weshalb die Prophetenbücher aufbewahrt wurden, lag in ihrer Mehrdimensionalität. Spätere Generation finden in ihnen neue und aktuelle Wahrheit, obwohl der Text gar nicht für ihre Zeit geschrieben worden ist.

So auch wir, und das hängt wesentlich mit dem Eiter zusammen. Ich weiss nicht, was Hosea in dieser vormedizinischen Zeit über Wesen und Wirkung von Eiter wusste. Sicher war auch ihm klar, dass Eiter ein Zeichen von Infektion und viel Eiter eines von baldigem Tod sind. Wir aber wissen mehr, und gerne gebe ich einem unserer Ärzte kurz das Wort für eine medizinische Klärung: *«Knochenfrass und Beinfäule sind alte Ausdrücke, die in der Medizin vor rund 50-100 Jahren in Zusammenhang mit der Tuberkulose und Syphilis verwendet wurden. Beide Krankheiten sind in der Regel langsam ablaufende Infektionen, Entzündungen, die nach monatelanger oder jahrelanger Krankheit den Knochen zerfressen aussehen lassen. Tuberkulose geht in diesen Fällen meist mit einer eitrigen Entzündung einher. Eiter ist nichts anderes als weisse Blutkörperchen, welche sich mit Bakterien vollgefressen haben, sterben und als Abfall – eben als Eiter liegen bleiben. Ubi pus, ibi evacua. Frei übersetzt: „Dem Eiter muss Abfluss verschafft werden!»* Eine dem Hippokrates zugeschriebene medizinische Anweisung, die heute noch gilt. Der Chirurge würde heute sagen: „Mit dem Messer geht es besser!"*

Eiter ist also das Abfallprodukt eines körpereigenen Heilungsprozesses. Er sieht eklig aus und gefährlich, zeugt aber davon, dass Heilung geschieht. Gott schlägt sein Volk und wird ihm zum eitrigen Ausfluss, *um es zu heilen.* Das ist die zweite Dimension: Wo Gott am Werk ist, auch wenn er wütend und zutiefst verletzt ist, da geht es auf das Leben zu. Auch wenn es tödlich aussieht, und auch wenn der Tod tatsächlich zuschlägt. Das Ziel Gottes aber ist das Leben. Der Heilungsprozess geht nicht ohne Schmerzen vonstatten, oft muss etwas absterben: Sicher die Krankheit, manchmal auch ein Bein oder ein Arm, vielleicht sogar der Patient selbst. Doch auch durch den Tod hindurch geschieht Heilung. Sucht muss sterben und Stolz. Angst und das Gefühl, ich selbst sei der einzige, der mir helfen könne. Die Opferhaltung und dass immer alle anderen schuld sind, das muss sterben. Es genügt nicht, das Problem zuzudecken oder zu verdrängen, es muss an der Wurzel gelöst werden, und das hat fast immer mit Sterben und Tod zu tun. Der spirituelle Weg der Heilung ist kein äusserlicher, sondern ein innerer, der den ganzen Menschen betrifft und nicht bloss Symptome bekämpft. *Ich werde dir zum Eiter – ich heile dich, ich bekämpfe die Krankheit, aber das kostet dich etwas.* Neues wird erst, wo das Alte Platz gemacht hat und gestorben ist. Gott heilt, auch wenn es wie ein Todesurteil aussieht, er will Leben, auch wenn wir nur das Leiden sehen. Wir fragen uns, wo Gott ist in unserem Elend, und er ist bereits an der Arbeit. Wir sehen den Eiter unserer Wunden und ekeln uns über uns selbst, er aber sieht das Kranke, das abgestorben ist und Raum lässt für das Gesunde.

Und jetzt eröffnet sich eine dritte Sinndimension: Gott wird zum Eiter, dem Abfallprodukt der Heilung, er nimmt das Kranke auf sich und stirbt, damit wir gesund werden. Hosea spricht es, Jesus wird es. Diese Eitermetapher ist letztlich die Christusgeschichte. Gott lässt nicht mehr die Menschen sterben, er stirbt selbst. So sehr setzt er sich dem Kranken aus, bis er es wie ein Schwamm aufgesaugt und uns davon befreit hat. Ihn kostet es das Leben, uns ermöglicht es das Leben. Das ätzende Bild vom Eiter entpuppt sich als heilsam, und Gottes zerstörerisches Handeln wird zur Rettung.

Was heisst das? 1. Wer tief genug schaut, erkennt, dass Gott von Anfang an Heil und Leben will, auch wenn es wie Tod und Elend aussieht und auch Tod und Elend mit sich bringt. Aber das Ziel ist Christus, Christus am Kreuz, und auch er bleibt nicht vom Tod verschont. Das Ziel ist das Leben. Nicht erst im Neuen Testament, sondern schon immer. Jesus ist nicht einfach der Schlüssel zum zweiten Band, er ist der Fokuspunkt der *ganzen* Bibel. Jesus ist das, was Gott von uns will und für uns macht, auf jeder der 1500 Seiten unserer Heiligen Schrift. Wenn du Jesus hast, dann hast du alles, was du brauchst und je brauchen wirst. Was für ein theologischer Weg: Vom Eiter zur nuklearen Mitte des Glaubens und der Bibel! 2. Zeiten, in denen wir vor lauter Fragezeichen kaum noch einen klaren Blick haben, in denen Sorgen, Leid und Tod uns bedrängen, sind die Zeiten, in denen wir am meisten nach Gott fragen. Aber wir sehen nicht das Leben, das er uns verheissen hat, sondern den Tod. Das ist zum Verzweifeln, es ist wohl die ärgste Bedrängnis unseres Glaubens. Und doch ist es die Zeit, in der Gott bereits am Werk ist. Schmerz und Veränderung, Verlust und manchmal sogar der Tod bleiben uns nicht erspart, weil Heilung ihren Preis hat und das Kranke absterben muss. Aber Gott ist am Werk, im Tod und durch den Tod, sei es der symbolische Tod mitten im Leben oder der leibliche Tod am Ende. *Aber wir sterben nicht in den Tod, wir sterben ins Leben.* Das ist der grosse Unterschied und der einzige Grund zur Hoffnung. 3. Diese letzte Satz, ins Leben zu sterben und nicht in den Tod, ist für mich kein nettes Wortspiel, es ist das Zentrum meines Glaubens. Ich bin schon manche Tode gestorben, aber immer wieder ins Leben wiedergeboren worden, dank Jesus. Für mich ist dieser Satz ein grosser Trost. Und er macht mir Mut: Sterben zu lassen, was krank ist, mich in seine Hände fallen zu lassen, auch wenn ich sie nicht sehe, zu vertrauen, auch wenn ich es nicht oder nicht mehr glauben kann. Ins Leben sterben. Diesen Trost und diesen Mut wünsche ich Dir.

Amen.

Berufung und Selbstzweifel

Nicht wollen und doch müssen in Jeremia 1

4 Das Wort JHWHs geschah zu mir so: 5 Ehe ich dich im Mutterschoss bildete, habe ich dich erkannt, und ehe du aus dem Mutterleib hervorkamst, habe ich dich geheiligt: Zum Propheten für die Nationen habe ich dich eingesetzt. 6 Da sagte ich: Ach, Herr, JHWH! Siehe, ich verstehe nicht zu reden, denn ich bin zu jung. 7 Da sprach JHWH zu mir: Sage nicht: Ich bin zu jung. Denn zu allen, zu denen ich dich sende, wirst du gehen, und alles, was ich dir gebiete, wirst du reden. 8 Fürchte dich nicht vor ihnen! Denn ich bin mit dir, um dich zu erretten, spricht JHWH. 9 Und JHWH streckte seine Hand aus und rührte meinen Mund an, und JHWH sprach zu mir: Siehe, ich lege meine Worte in deinen Mund. 10 Siehe, ich bestelle dich an diesem Tag über die Nationen und über die Königreiche, um auszureissen und niederzureißen, zugrunde zu richten und abzubrechen, um zu bauen und zu pflanzen.

Die Propheten des Alten Testaments sind in der Regel unangenehme Zeitgenossen, weil sie fast ausschliesslich Unheil verkünden. Trotzdem sind ihre Worte aufbewahrt worden: Um sie auf ihren Wahrheitsgehalt zu prüfen und um denen, die damals gelacht haben, später zu zeigen, wie Unrecht sie hatten und wie wahr der Prophet sprach. Und schliesslich hat man erkannt, dass die Worte der Propheten ebenso Gottesworte sind wie die der Mosebücher. Und Gottesworte wirft man nicht weg, wenn sie sich erfüllt haben, denn man traut ihnen zu, über die Zeit ihres Ergehens hinaus wirkmächtig zu bleiben und auch zu späteren Generationen zu sprechen. Darum lesen auch wir noch diese zum Teil schrecklichen Worte der Propheten, und wir kommen nicht darum herum, uns zu fragen: Hat das auch mit uns zu tun? Ist das noch immer – oder besser: wird das noch immer zum Wort Gottes für uns? Und dies auch dann, wenn es sich um Gerichtsworte handelt. Denn gerade in den

Prophetenworten begegnen wir einer dunklen Seite Gottes, und immer wieder werden wir uns fragen: Hat diese Seite auch für uns eine Bedeutung?

Propheten gibt es in der Geschichte Israels von Anfang an: Mose und Mirja, Elia und Elisa, Nathan und Samuel. Sie kommen zuerst nur vereinzelt vor, und wir kennen ihre Worte kaum. Regelmässig und vielfältig treten sie erst später auf, als Israel schon lange in das Nord- und das Südreich geteilt ist. Amos ist der erste, und er hat den Auftrag, den König des Nordreiches vor drohender Gefahr zu warnen. Denn um das Jahr 750 v.Chr. expandiert das assyrische Grossreich von Mesopotamien aus (heute Iran/Iraq) und erobert Land um Land, bis es schliesslich an das kleine Nordreich grenzt. König Jerobeam II will aber nicht hören und lässt Hosea ausschaffen. Erfolglos, denn kurz darauf wird sein Reich von den Assyrern geschluckt (722). Von nun an gibt es nur noch das Südreich Juda mit der Hauptstadt Jerusalem, eingeklemmt zwischen den beiden Grossmächten Ägypten und Assyrien. Keine sehr komfortable Lage. Gut hundert Jahre später haben die Babylonier das assyrische Reich übernommen und wollen einen Pufferstaat vor Ägypten errichten, und das ist das Königreich Juda. Wieder wird ein Prophet berufen – Jeremia, 626 v.Chr. –, um zu warnen und zu drohen, wieder wird er nicht erhört, wieder geht ein Königreich unter: 587 v. Chr. endet die Eigenstaatlichkeit Judas, das Volk wird deportiert. Propheten treten nicht irgendwann und irgendwie auf, sondern sind engstens verknüpft mit politischen, sozialen und religiösen Krisen, in denen Gott durch sie zum Volk spricht. Zuerst mahnend, dann drohend, dann richtend.

Schauen wir uns nun die Berufung Jeremias genauer an. Es beginnt recht zuversichtlich und intim: Gott kennt Jeremia seit Urzeiten, und seine Berufung passt in seinen Weltenplan seit Anbeginn. Gott weiss, was er macht, und er mutet Jeremia zu, Prophet für die Völker zu sein, weil er ihn genau dafür geschaffen und ausgerüstet hat. Darum braucht sich Jeremia nicht zu fürchten, sondern kann sich darauf verlassen, dass Gott nicht nur ihn, sondern auch alle seine Wege kennt und ihn auf diesen führen wird (V5). Jeremia jedoch mag nicht, er hat Angst und fühlt sich der Aufgabe nicht gewachsen. Doch wie damals bei Mose, so führt auch jetzt der Widerspruch zu nichts (V6). Wer jedoch erwartet hätte, dass Gott Jeremia motiviert, ihn zu überzeugen versucht und ihm beschwichtigend zuredet, der täuscht sich. Vielmehr verbietet sich Gott jede Widerrede und zwingt Jeremia seinen Willen auf. *Du wirst gehen, wohin ich dich schicke* – es bleibt dem Propheten gar nichts anderes übrig, deus locutus, causa finita (V7). Ob Gottes Zusicherung der Rettung (V8) Jeremia wirklich besänftigt, scheint mir fraglich, denn gerettet werden muss ja nur, wer in grosser Not steckt. Spätestens jetzt wird es Jeremia gedämmert haben, dass er auf eine Art Himmelfahrtskommando geschickt wird.

Ohne zu fragen oder auf eine Erwiderung zu warten, streckt Gott seine Hand aus und berührt Jeremias Mund, um ihn so zu seinem Sprachrohr zu machen. Wer würde sich nicht wünschen, von Gottes Hand berührt zu werden? Aber so, ohne gefragt zu werden, und dann noch zu einem solchen Auftrag? Jeremia muss gehen, wohin er gesandt wird, und er muss sagen, was Gott in ihn legt. Hat er überhaupt noch die Möglichkeit einer eigenen Meinung und Entscheidung? Ich glaube nicht. Er wird zum Werkzeug Gottes ausgerüstet, und dieses Werkzeug bleibt er bis zu seinem Tod. Bei allem Respekt, aber mir erscheint diese Berufung recht ambivalent – wenn nicht sogar übergriffig (V9).

Genauso klar wie seine Berufung ist auch sein Auftrag: Die Verkündigung des Gerichts. Vom Heil wird er auch sprechen, aber erst viel später, erst nach dem Aus- und Niederreissen, dem Zugrunderichten und Abbrechen. Hatte Jeremia vielleicht noch gehofft, Überbringer guter Nachrichten zu sein, der Könige salbt und den Armen beisteht, so weiss er jetzt, dass er Zeit seines Lebens einer jener unangenehmen Zeitgenossen sein wird, die niemand hören will, weil sie nur Gift und Galle spucken. Was für ein Auftrag, wer würde sich dafür freiwillig melden (V10)? Gott verheisst ihm Schutz (V8), aber hört Jeremia überhaupt noch zu? Oder gellen die Gerichtsworte so laut in seinen Ohren, dass er für die Worte der Rettung gar kein Gehör mehr hat? Tröstet die Verheissung der Rettung, wenn sie zugleich ein Leben voller Kampf, Streit und Ablehnung bedeutet?

Vielleicht sehnst auch du dich, wie viele andere Christ*innen, nach einer klaren und eindeutigen Berufung. Aber vielleicht bist du jetzt, wo du von Jeremias Gottesbegegnung gehört hast, ganz zufrieden damit, dass Gott noch nie so zu dir gesprochen hat. Lasst uns aber trotzdem noch etwas über die Berufung nachdenken. 1. Eine Berufung ist keine Bekehrung. Von Bekehrung reden wir oft und gerne, von dem Moment, an dem wir uns Gott zugewandt haben und unser Leben eine neue Richtung erfuhr. Das ist schön und gut und wichtig, aber immer auch etwas selbstbezogen: *Ich* und *mein* Glaube an *meinen* Gott. Berufen aber *wird* man, manchmal auch, ohne gefragt zu werden, und damit verbunden ist eine Aufgabe, die uns nicht in den Himmel führt, sondern unter die Menschen. Es geht nicht mehr um mich, ich werde zu Gottes Werkzeug für andere. Nicht selten habe ich den Eindruck, dass wir Christ*innen uns ganz gerne um uns und unser Seelenheil drehen, im besten Fall fragen wir uns noch, inwiefern wir auch andere auf dasselbe Karussell hieven können. Aber gibt es nicht noch andere Dinge, zu denen wir berufen sind? Im Netz4, unserer diakonischen Arbeit im Quartier, sprechen wir nicht oft von Bekehrung, sondern lieber von unserem Auftrag, Menschen in Not zu helfen im Namen Gottes: Essen und Trinken, Bewerbungen, Hilfe mit Finanzen und Steuern, eine Nacht schenken, wenn es draussen nass ist und kalt. Was ist dein Auftrag inmitten der Menschen für die Menschen? Oder wie es eine junge Frau einmal äusserst prägnant im Gottesdienst gesagt hat: Haben wir tatsächlich das Gefühl, dass den Flüchtlingen geholfen ist, wenn wir für sie gebetet haben? 2. Berufung hat immer damit zu tun, was du kannst, denn dazu hat Gott dich begabt. Aber es muss nicht zwangsläufig heissen, dass es dir leicht fällt oder du es gerne machst. Ich glaube, meine Berufung hat mit Predigen,

Erzählen, Lehren zu tun. Und manchmal denke ich sogar, dass ich dafür eine gewisse Begabung habe. Aber noch jede Predigt, die ich geschrieben habe, hat mich an den Rand der Verzweiflung gebracht, und noch kaum je war ich beim Amen davon überzeugt, dass sie gelungen ist. Predigen hat immer auch mit Sterben zu tun: An seine Grenzen kommen, nicht mehr weiter wissen, verzweifeln. Ich sage das nicht, um Mitleid oder eine Gehaltserhöhung zu erheischen, ich weiss, dass ich etwas zu sagen habe. Aber nur dann, wenn ich nicht von mir selbst spreche und nicht aus mir selbst. Dabei käme immer dasselbe heraus. Nur, wenn ich auf Gott höre, wenn ich mich auf sein Wort einlasse und es in mir wirken lasse, erst dann wird es eine Predigt. Wenn du also an deiner Berufung zweifelst, weil sie anstrengend ist und sie dir deine Grenzen aufzeigt, dann bist du auf dem richtigen Weg. Berufen sein heisst nicht, alles selbst zu können, sondern sich Gott zur Verfügung zu stellen, damit er durch dich wirken kann. Und das ist bisweilen oder sogar immer anstrengend. Es geht ja auch nicht um dich und dein Wohlsein, sondern um die, die Gott brauchen. 3. Was aber, wenn dich deine Berufung auf Wege der Verzweiflung und des Leides führt und du jeden Tag den Kopf schüttelst über dich und auch über Gott? Wenn du keine Echos auf deine Predigt erhältst und sich niemand für die diakonische Arbeit interessiert, wenn du vielmehr allein bist und schief angeschaut wirst – so wie Jeremia. Mit anderen Worten: Zu wieviel Leid sind wir bereit? Was würden wir auf uns nehmen, um Gottes Berufung zu folgen? Wie sehr könnten wir Gottes Zusage vertrauen, dass er uns rettet und immer bei uns ist, wenn er uns zugleich seine dunkle Seite zeigt? Das sind schwere Fragen, und wir müssen uns ihnen stellen, wenn der Prophet Jeremia zu uns sprechen soll. Möge der Gute Geist unsere Herzen und Gedanken erleuchten.

Amen.

Ungerechte Wahlwillkür
Faule Feigen in Jeremia 24

1 JHWH liess mich sehen – und siehe, zwei Körbe Feigen waren vor dem Tempel JHWHs aufgestellt. 2 Der eine Korb enthielt sehr gute Feigen wie die Frühfeigen und der andere Korb sehr schlechte Feigen, die vor Schlechtigkeit nicht mehr gegessen werden konnten. 3 Und JHWH sprach zu mir: Was siehst du, Jeremia? Ich sagte: Feigen; die guten Feigen sind sehr gut und die schlechten sehr schlecht, so dass sie vor Schlechtigkeit nicht gegessen werden können. 4 Da geschah das Wort JHWHs zu mir: 5 So spricht JHWH, der Gott Israels: Wie diese guten Feigen, so sehe ich die Weggeführten von Juda zum Guten an, die ich von diesem Ort in das Land der Babylonier weggeschickt habe. 6 Ich richte mein Auge auf sie zum Guten und bringe sie in dieses Land zurück. Ich baue sie auf und breche nicht ab, pflanze sie ein und reisse nicht aus. 7 Und ich gebe ihnen ein Herz, mich zu erkennen, dass ich JHWH bin. Und sie werden mein Volk sein, und ich werde ihr Gott sein; denn sie werden mit ihrem ganzen Herzen zu mir umkehren.

Um 630 vC. beginnt das assyrische Imperium, das den ganzen Orient umfasst, zu zerbröckeln, und an seine Stelle treten die ebenso aggressiven und expansiven Babylonier. Ihr Vorgehen ist immer dasselbe: Massive Drohungen, Tributforderung, und wer sich weigert, wird gnadenlos erobert und geplündert. Das gilt auch für Juda, das kleine Reich um Jerusalem, dessen König Jojakim ab ca. 605 vC. Tribut entrichten muss; als sich sein Sohn und Nachfolger Jojakin weigert, erobert König Nebukadnezar von Babylon 597 vC. das Land, verschleppt König und Oberschicht und plündert die Städte. Viele in Jerusalem erkennen darin die Strafe Gottes für den gottlosen Lebenswandel des Königs und seines Hofes. Hatte nicht schon Jeremia davor gewarnt? Zurück bleibt ein kleiner, verschonter Rest. Gericht und Gnade sind klar zugeteilt.

Jeremia selbst gehört zu diesem Rest in Jerusalem, und auch jetzt noch ergeht das Wort Gottes an ihn. Er sieht: Vor dem Heiligtum, dem wichtigsten Ort in ganz Israel, stehen zwei Körbe voll von begehrten Frühfeigen. Während die einen extrem *gut* sind (es ist dasselbe Wort, das in der Schöpfungsgeschichte verwendet wird: „Und Gott sah, dass es sehr *gut* war"), sind die anderen so *schlecht*, dass es Jeremia ekelt (*sehr schlecht* wird für die Zustände in Sodom und Gomorra verwendet). Schon jetzt ist klar, dass die Deutung dieser Vision nicht differenziert ausfallen wird. Es gibt nur ja oder nein, schwarz oder weiss, bestanden oder durchgefallen. Und die Zuteilung ist klar: Die Zurückgebliebenen sind die guten Feigen, denn ihnen ist Gnade widerfahren, und die Abgeführten die schlechten, an ihnen hat sich das Gericht vollstreckt. So dachten sie in Jerusalem und auch in der Verbannung.

Aber so ist es nicht. Gott selbst deutet die Vision, er spricht den guten Feigenkorb denen zu, die er eben noch ins Gericht geschickt hat. Gott wählt, und er wählt die aus, die es am wenigsten erwarten. *Zurückführen, aufbauen, pflanzen, nicht brechen, nicht ausreissen:* Noch vor kurzem hat es ganz anders getönt, jetzt aber schaut Gott anders. Seine Augen sehen eine Zukunft, und sie schaffen diese Zukunft: *Ich gebe ihnen ein Herz, mich zu erkennen (V6f).* Es ist nicht so, dass die Strafe bereits abgegolten wäre – davon ist nicht die Rede. Und es ist auch nicht so, dass die Verbannten sich gebessert hätten, im Gegenteil: Ohne das neue Herz, das Gott in ihnen schaffen wird, ändert sich gar nichts. Nicht weil sie in Babylon so viel Reue gezeigt hätten, holt Gott sie zurück, sondern weil er so gewählt hat. Wie ein Wetterleuchten am Sommerhimmel scheint hier die gnadenhafte Rettung in Christus auf. *Sie werden mit ihrem ganzen Herzen zu mir umkehren (V7b).* Aber eben: Erst mit dem neuen Herzen. Gott wählt, und er wählt die Verbannten – ohne ersichtlichen Grund. Endlich ein hoffnungsvoller, tröstlicher Text – und alles deutet auf Weihnachten hin. Aber es ist doch erst das Wetterleuchten. Denn erst folgt noch der zweite Teil.

8 Aber wie die schlechten Feigen, die vor Schlechtigkeit nicht gegessen werden können, – ja, so spricht JHWH – so mache ich Zedekia, den König von Juda, und seine Obersten und den Überrest von Jerusalem, die, die in diesem Land übriggeblieben sind, sowie die, die sich im Land Ägypten niedergelassen haben. 9 Und ich mache sie zum Entsetzen, zum Unglück für alle Königreiche der Erde, zur Schmach und zum Sprichwort, zur Spottrede und zum Fluch an allen Orten, wohin ich sie vertreibe. 10 Und ich sende das Schwert, den Hunger und die Pest unter sie, bis sie ausgerottet sind aus dem Land, das ich ihnen und ihren Vätern gegeben habe.

So intensiv die Zuwendung, so vernichtend die Verwerfung. Nachdem der König und die Oberschicht deportiert sind, wird Zedekia zum neuen König gewählt – von Babylons Gnaden. Und alle in Jerusalem wähnen sich in Sicherheit, weil sich Gottes Gnade so deutlich an ihnen erwiesen hat. Waren sie nicht verschont geblieben? Eine Änderung ihres Lebens halten sie nicht für notwendig. Gott aber hat sie nicht verschont, damit sie weitermachen wie bisher, und es kommt, wie es kommen musste: Hunger, Schwert und Pest. 587 vC., nachdem auch König Zedekia den Tribut nicht mehr bezahlt hat, bringt Nebukadnezar die totale Vernichtung über Jerusalem. Das grosse Exil beginnt, und diesmal für alle. Und für Jahrzehnte.

Warum hat Gott die einen erwählt und die anderen verworfen? Waren Zedekia und die Seinen wirklich so viel schlechter? Weshalb gibt Gott den einen ein neues Herz, und den anderen macht er ihre Missetaten zum Vorwurf? Das ist reine Willkür. Nicht die Vorstellung des Gerichts, die uns im AT immer wieder begegnet, macht diesen Text so schwierig, sondern diese Willkür. Wie können wir einem Gott vertrauen, der willkürlich wählt, die einen zum Gericht und die anderen zur Gnade?

Ist Gott also willkürlich? Ja, das ist er. Und auch wir leben davon. In welchem Korb sässen wir? Im Töpfchen, weil wir so gute Christ*innen sind? Oder im Kröpfchen, weil es gerade uns so oft an Vertrauen und Tatkraft fehlt? Gott wählt: Abraham (Gen 12), Israel (Dtn 7), und beide ohne ersichtlichen Grund. Einer solchen Wahl haftet immer auch etwas der Geruch der Ungerechtigkeit an, vor allem dann, wenn man auf der falschen Seite sitzt. Und trotzdem liegt hier das Evangelium: Auch uns hat er erwählt, ohne dass wir den geringsten Verdienst vorweisen könnten.

Gott wählt, und er wählt auch heute noch, jeden Tag, aber seit 2000 Jahren mit einem Unterschied: Er wird *Teil der Wahl.* Er wählt Leben für uns und Tod für sich. Seine Willkür, seine Wahl-Willkür wird zu unserer Rettung. Gottseidank ist Gott ungerecht: Wäre er auch nur ansatzweise gerecht, wäre es mit der Menschheit in Sekundenbruchteilen vorbei. Gott nimmt sein Recht auf Gerechtigkeit nicht wahr und rettet uns stattdessen ungerechtfertigterweise. Jesus ist Gottes ungerechte Wahlwillkür. Unsere einzige Rettung. Und die der Welt.

Und was macht dieses Wort Gottes mit mir? Drei Gedankenanstösse: 1. Gott sieht nicht einfach über unser Tun hinweg, er leidet daran, und er wählt für *sich* die Konsequenz *unseres* Tuns – den Tod. Jeden Tag neu. Gott leidet an mir, und das gibt mir zu denken, denn es wirft ein vernichtendes Licht auf mein Leben. Es ist nicht egal, was ich tue, ganz und gar nicht. Vorbei aber sind die Zeiten, in denen ich bitter bös für meine Tat zu büssen hätte, vorbei die Zeiten der faulenden Feigenkörbe, denn Gott hat gewählt und steht jeden Tag zu dieser Wahl. Und trotzdem: Wegen mir, und nicht wegen meiner Väter und Mütter Sünden, muss er den Tod für sich wählen, und das gibt mir arg zu denken. 2. Gott wählt mich zuerst, das Wichtigste ist geschehen. Wesley nennt dies die «vorlaufende Gnade». Und diese Gnade sucht eine Antwort. Können wir uns dieser Wahl Gottes anvertrauen, so dass sie zum Fundament unseres Glaubens wird und nicht bloss zum Accessoire? Das bedeutet uU. viel geistliche Arbeit: Der Verzweiflung entgegenhalten. Den Zweifeln das Maul stopfen. Die Enttäuschungen nicht höher gewichten als die Hoffnung. Gott nicht jedes Mal aus dem Leben verbannen, wenn wir nicht bekommen, was wir dringendst brauchen oder zu brauchen vermeinen. Das ist viel Arbeit. Gott wählt uns – wie reagieren wir darauf, jeden Tag von neuem? 3. Weil es gerade Advent ist: An Weihnachten feiern wir Gottes Wahl, ohne die wir hoffnungslos und absolut verloren wären. Eine ganz intensive und hochheilige Zeit. Stell dir vor, es ist Weihnachten, und wir kaufen uns ein neues iPad. Gott hat uns gewählt – was wählen wir? Vor dem Gestell der Migros, im Treppenhaus, wenn wir unsere Nachbarn unverhofft antreffen, auf der Strasse, wenn wir Migranten sehen. Gott hat bereits gewählt. Halleluja. Und jetzt wähle du.

Amen.

3 Bergpredigt

Wer sich etwas sagen lässt
Gott ist ganz nah in Matthäus 5

5,1 Als Jesus die vielen Menschen sah, bestieg er einen Berg, und nachdem er sich gesetzt hatte, kamen seine Jünger zu ihm. 2 Er öffnete seinen Mund und lehrte sie. Und er sprach: 3 Selig sind die Armen, die (keine Lebens)- kraft (mehr haben), denn für sie ist das Reich Gottes. 4 Selig sind die Trauernden, denn sie werden getröstet werden. 5 Selig sind die Sanftmütigen, denn sie werden das Land erben. 6 Selig sind die Hungernden und Dürstenden nach Gerechtigkeit, denn sie werden gesättigt werden

Den Seligpreisungen in der Bergpredigt kann man sich fast nicht entziehen, sie sind schön, ansprechend und berührend auf einer direkten, persönlichen Ebene. Diesen beschaulichen Eindruck möchte ich jedoch nachhaltig stören, denn die Seligpreisungen sind eigentlich alles andere als nett und brav.

Beginnen wir mit einer zeitgemässen Übertragung: *Selig die Loser, die nichts können und alles verloren haben. Selig die Depressiven und die, denen der Friedhof zur Heimat wird. Selig die Weicheier und Waschlappen, selig, die vor lauter Elend jeglichen Mut verlieren.* Jetzt kommen wir dem, was Jesus meint, näher: Die Seligpreisungen sind ein Skandal und eine Zumutung. Ein Skandal: Weshalb werden Verlierer*innen und Sünder*innen selig gepriesen, und wir Anständigen, Fleissigen und Frommen, die sich um die Armen kümmern und in die Kirche gehen, regelmässig beten, in der Bibel lesen und versuchen, vor Gott ein richtiges Leben zu führen: Weshalb kommen wir nicht vor? Ein Skandal! Und eine Zumutung: Wie wird sich die Depressive fühlen, wenn sie in ihrer Bodenlosigkeit auch noch selig gesprochen wird? Und der Loser, dem das Wort *selig* weder Brot auf den Teller noch Tilgung der Schulden bringt? Skandal und Zumutung: Das sind die Seligpreisungen.

Um diese Seligpreisungen nicht nur als schöne und nette Worte zu verstehen, sondern als kraftvolle Verdrehung dessen, was man sonst für gut und recht erachtet, müssen wir genauer hinschauen und klären, *wer* sie sagt, *was* er sagt und *wem* er es sagt. Dann erst eröffnen sich ihre Tiefe und Weite.

1. Wer spricht? Die Bergpredigt beginnt seltsam: Ganz ausführlich wird beschrieben, wie Jesus auf den Hügel steigt, sich setzt, seinen Mund öffnet und lehrt (V1f). Weshalb so ausführlich? Hier spricht nicht bloss ein Wanderprediger zu seinen zwölf Kollegen, hier wendet sich Gott selbst seinen Menschen zu. Er sieht ihre Bedürftigkeit, er nimmt sich Zeit, und auch wenn er auf dem Hügel sitzt, so bleibt er auf Augenhöhe. Er öffnet sich, entäussert sich und gibt sich in seinen Worten den Hörenden hin und preis. Der gewaltige Lehrer auf dem Berg, und zugleich der nahe Gott, der die Intimität des Gesprächs sucht. Man könnte nicht hinhören, weglaufen, anderer Meinung sein, man könnte ihn niederschreien – all das nimmt der demütige Gott in Kauf, um in Beziehung zu treten mit seinen Menschen.

2. Was sagt er? Selig, griechisch *makarios,* ist ein Wort, das sonst nur für Gott verwendet wird: Nur er ist selig. Es ist der Ausdruck eines ganzheitlichen, nachhaltigen Friedens und einer inneren und äusseren Ruhe, wie Menschen sie nie erreichen. Das hebräische Wort *schalom* dürfte dieser Vorstellung am nächsten kommen. *Gott besonders nahe* scheint mir die beste Übertragung für *selig* zu sein. Dieses Wort nun spricht Jesus Menschen zu, obwohl es eigentlich ein göttliches Wort ist. Und er spricht es zu ohne Bedingung *(selig, wenn ihr xy gemacht habt),* sondern als Zustand in der *Gegenwart* – und nicht der Zukunft: Selig *sind* sie, jetzt, ohne Wenn und Aber. Das ist wichtig: Es gilt jetzt, ohne Bedingungen, es ist keine Aufforderung *(selig sollt ihr werden, indem ihr xy macht),* sondern ein reiner Zuspruch. So beginnt die grossartige Rede des demütigen Gottes: Mit einem bedingungslosen Zuspruch eines neuen Seins, das bereits jetzt ist. Oder besser noch: Das jetzt *wird,* weil Jesus es jetzt zuspricht und damit denen eine neue

Lebensrealität eröffnet, die es sich gesagt sein lassen. Und wer sind die, die er anspricht?

3. Wem sagt er es? Selig sind nicht die Frischverliebten und nicht die Olympiasieger, Gott besonders nahe sind nicht die Erfolgreichen oder Frommen, nicht die Verantwortungsträger*innen der Gemeinde und auch nicht die, die am meisten gespendet haben. Selig sind die, die gar nichts mehr haben – arm an Geist meint ohne Lebenskraft, ohne Energie, ohne das Lebensnotwendige (V3). Selig die Trauernden, die vor lauter Tränen den Blick für ihre Welt und ihre Zukunft verloren haben (V4). Selig sind die, die sich nicht einfach nehmen wollen oder können, was ihnen zusteht, die aus Angst oder Überzeugung auf Gewalt verzichten und damit stets zu verlieren drohen, was eigentlich ihnen gehört (V5). Selig sind die, denen die Galle hochkommt, wenn sie an das Unrecht dieser Welt denken, und selig die, die verzweifeln und sich ernsthaft fragen, ob es einen Gott gibt, wenn der Urwald niedergeholzt und täglich Tier- und Pflanzenarten ausgerottet werden, wenn die Foltergefängnisse der weltweiten Diktaturen vollgestopft sind und Kinder zu Tausenden verhungern (V6). Sie sind selig, sie sind Gott besonders nahe. Die Depressiven, die Loser, die Weicheier, die Verzweifelten.

Weshalb sie? Sie sind Gott besonders nahe, weil sie nichts mehr haben und nichts mehr sind. Sie haben alle Hoffnung verloren, sie haben weder Kraft noch Möglichkeiten, ihre Situation zu verändern. Wer tieftraurig ist und verloren in den Abgründen seiner Seele, kann sich nicht mehr selbst retten. Wer keine Kraft mehr hat, ist angewiesen auf die Kraft eines anderen. Wer verzweifelt ob dieser Welt, der braucht jemanden, der ihm eine neue Perspektive schenkt. Sie alle sind am Ende – und ihnen ist Gott besonders nahe. Nicht aufgrund ihres Tuns oder ihres Scheiterns, sondern weil sich Gott entschieden hat, denen am Ende nahe zu sein, ob sie es verdient haben oder nicht (und nicht wenige werden einen grossen Teil eigener Schuld an ihrer Situation tragen).

Jesus ist der, der bis ans Ende geht. Und das ist eine Bewegung, die sich durch das ganze Neue Testament zieht: Jesus berührt die Unberührbaren und heilt sie, Paulus will, dass den Gliedern am Leib Christi, die am wenigsten Ehre haben, die meiste Sorge angedeiht, Johannes erzählt, wie Jesus den Jüngern die Füsse wäscht und sich weigert, als Petrus sich revanchieren will. Gott besonders nahe sind die, die am Ende sind. Für sie ist das Reich Gottes (V3). Und wer trauert, dem ist gesagt, dass seine Trauer nicht ewig währt – Gott hat Trost für sie (V4). Und wer ohne Gewalt und Gier mitten in dieser gewaltvollen und gierigen Welt lebt, wird nicht belohnt, aber erbt das Land, wie die Töchter und Söhne von ihrem Vater erben, ohne dass sie ihn zwingen müssten (V5). Und wer verzweifelt an dieser unrechten Welt, der wird sehen, wie Gott alles wieder recht machen wird (V6).

Ist das nicht eine billige Vertröstung auf irgendwann? So kann man es sehen. Aber es spricht nicht irgendeiner, und er sagt nicht irgend etwas. Die Worte von Jesus graben sich tief in die Seele und lösen die Trauer, die Angst, die Hoffnungslosigkeit. Gott schnippt das Böse nicht mit den Fingern weg und bringt alles sofort in Ordnung, aber er verspricht, mit uns den ganzen Weg zu gehen, bis wieder alles ganz gut ist. Sind dies nicht Worte, die Hoffnung und Mut gebären in unseren Seelen? Sind dies nicht Worte, die es ermöglichen, Trauer, Hoffnungslosigkeit und Unrecht im Alltags zu meistern, weil Gott eine andere Sicht hat und uns eine andere Sicht schenkt? Wer Ohren hat, der*die höre und lasse sich gesagt sein: Selig, wer am Ende ist, denn dort ist Gott, und mit ihm gibt es immer wieder einen neuen Anfang. Gottes Wort verheisst nicht nur, es schafft, was es verspricht. Die Seligpreisungen sind keine Informationen, sondern kreative, lebensverändernde Worte. Damit beginnt die Bergpredigt, und alles, was noch gesagt wird, steht unter diesem Vorzeichen.

Zum Schluss drei Gedanken zum Weiterdenken: 1. Was ist, wenn ich nicht traure und nicht arm bin? Werde ich nicht selig? Du musst nicht in Depression verfallen oder an dein Ende kommen, sondern freue dich, wenn du hast, was du brauchst und es dir gut geht. Aber eines haben Arme und Sünder*innen dir voraus: Die Gnade Gottes erfährt am intensivsten, wer sie am dringendsten braucht. Du aber danke Gott, dass du nicht am Ende bist.

2. Oder vielleicht bist du es doch? Vielleicht spricht dich die eine oder andere Seligpreisung an, weil du Trauer kennst und Armut und das Ende. Vielleicht nicht so intensiv wie andere – aber es ist auch kein Wettbewerb, wer am ärmsten ist. Wo du an dein Ende kommst: Dort lass dir gesagt sein, dass du gerade dort Gott am nächsten bist, weil dort Gott auf dich wartet. Der Zuspruch Gottes gilt denen am Ende, auch dir, und selbst dann, wenn du ein Häuschen hast und hübsche Kinder und eine gutbezahlte Arbeit. Auch dort gibt es Erfahrungen des Endes. Selig, die am Ende sind und sich gerade dort von Gott ansprechen lassen.

3. Und wenn du etwas tun willst: Stell die Welt auf den Kopf! In den Seligpreisungen sind nicht die Guten und Frommen, sondern die Armen und Sünder*innen Gott besonders nahe. Jesus stellt die Welt auf den Kopf. Und wo stehst du noch immer auf deinen Füssen und achtest Normen und Hierarchien? Schön brav und bürgerlich. Aber mit Jesus steht die Welt Kopf, und dazu kannst du beitragen: Indem du dienst, statt bedient zu werden, indem du gibst, statt dir zu nehmen, was dir zusteht, indem du den Krieg verweigerst, statt Steuern zu zahlen für neue Waffen, indem du Unrecht beim Namen nennst, statt mit den Schultern zu zucken, weil man ohnehin nichts tun kann. Ich bin mir sicher, dass in unserem Leben ganz vieles sehr stabil auf den Füssen steht. Hier gibt es viel zu tun: Umschichten, umwerfen, umverteilen, auf den Kopf stellen, den Erwartungen in den Rücken fallen. Im Namen der Liebe dessen, der im Ende nah ist. Selig ist, wer das Wort des demütigen Gottes hört und in ihm die Kraft entdeckt, das eigene Leben und die ganze Welt zu verändern.

Amen.

Nicht das Aussergewöhnliche!
Gottes Alltag in Matthäus 5

43 Ihr habt gehört, dass man sagt: Du sollst deinen Nächsten lieben und deinen Feind hassen. 44 Ich aber sage euch: Liebt eure Feinde und betet für die, die euch verfolgen, 45 so werdet ihr Kinder eures Vaters im Himmel, denn er lässt seine Sonne aufgehen über Böse und Gute, und er lässt es regnen über Gerechte und Ungerechte. 46 Wenn ihr liebt, die euch auch lieben, was für einen Lohn habt ihr? Tun das nicht auch die Zöllner? 47 Und wenn ihr nur eure Geschwister grüsst, was tut ihr da Ausserordentliches? Tun das nicht auch die Heiden? 48 Ihr nun sollt vollkommen sein, wie euer himmlischer Vater vollkommen ist.

Als junger Student hatte ich einen Lateinnachhilfeschüler, er war 14 und sehr clever. Und weil er Jude war und wusste, dass ich christliche Theologie studiere, machte er sich einen Spass daraus, mich zu provozieren und mir zu zeigen, dass ich keine Ahnung, er aber Recht hatte. Und so verwickelte er mich eines Tages, anstatt Verben zu konjugieren, in ein Gespräch über die Feindesliebe, die er für besonders christlich und entsprechend unjüdisch hielt (womit er sich täuschen dürfte, aber das ist eine andere Geschichte). Er meinte: *Feinde zu lieben ist unmöglich!* Ich entgegnete, das sei eben gerade das Spezielle des Christentums, aber er liess keinen Widerspruch gelten, Feinde seien und blieben Feinde, und tischte mich kalt ab. Ich wusste nicht weiter: Feinde sind Feinde, und wer könnte sie wirklich lieben?

Die Feindesliebe ist tatsächlich die wichtigste Lehre Jesu, und zugleich immer auch das, womit wir uns am schwersten tun. Nächstenliebe, das geht ja noch, bei der Feindesliebe jedoch wird es schwierig. Schauen wir uns darum unseren Bibeltext genauer an: Einmal mehr wird deutlich, mit welcher Autorität und Freiheit Jesus das Gesetz auslegt. Er zitiert Lev 19,18, den Satz über die

Nächstenliebe, um ihm dann zu widersprechen (V43f), wobei interessant ist, dass der Teil über das Hassen der Feinde gar nicht in der Bibel steht, sondern die damals gängige Auslegung der Stelle ist: Die Nächsten, also die Freunde lieben, heisst, die Feinde hassen. Jesus jedoch widerspricht dem Gesetz und seiner Auslegung. Dass er damit die Schriftgelehrten provoziert, liegt auf der Hand, aber es entspricht seiner radikalen Art zu leben und zu lehren. Wer zwei Hemden hat, soll eines den Armen geben, einer ersten Meile folgt eine zweite, der rechten Wange die linke. Die Radikalisierung der Nächstenliebe passt gut in den Gesamtkontext der Verkündigung Jesu.

Aber es geht nicht lediglich um Radikalisierung, Jesus ist kein Extremist, der alles immer schwieriger macht, um sich von anderen abzuheben. Es geht um eine doppelte Entdeckung. *Zum einen* macht die Nächstenliebe Unterschiede zwischen dem, der mir nahe ist, und dem, der es eben nicht ist. Wer ist denn mein Nächster? Ein Volksgenossen aus Israel oder ein Heide? Einer, der es ernst meint mit dem Gesetz oder einer, der sich nicht darum kümmert, wie zB. die (jüdischen) Zöllner (V46.47)? Die Nächstenliebe schliesst den Nächsten ein und weitet meinen Horizont über meine eigenen Interessen hinaus, aber sie schliesst den, der mir nicht nahe ist, eben auch aus. Darum: Die Nächsten zu lieben heisst, die Feinde zu hassen, das hat eine innere Logik. Wer mir feindlich gesinnt ist, dem bin ich es auch, wer mich freundlich behandelt, den behandle ich ebenso. Gleiches mit Gleichem, Auge um Auge, wie man in den Wald ruft, so hallt es zurück.

Das ist an sich kein schlechtes Verhalten, denn es hindert mich daran, mich rücksichtslos durchzusetzen. Und doch verändert sich so nie etwas: Jede*r bekommt, was er/sie verdient, mein Verhalten passt sich immer dem des Gegenübers an. Feinde sind Feinde, Freunde sind Freunde, Gewalt wird mit Gewalt vergolten, Liebe mit Liebe, Hass mit Hass. Und alles bleibt beim Alten. Jesus aber hat entdeckt, dass es der Liebe nicht darum geht, alles beim Alten zu belassen, dass sie eben gerade nicht vergelten will. Er hat entdeckt, dass die Liebe erst dann wirklich Liebe ist und nicht nur Gunst oder Freundlichkeit, wenn sie Grenzen überschreitet, wenn sie *keine Unterschiede* mehr macht, wenn sie nicht mehr ausgrenzt und nicht mehr fragt, ob das Gegenüber sie verdient hat. Wenn nicht nur der Nächste meiner Nächster ist, sondern auch der Übernächste und der Überübernächste. Erst, wenn auch mein Feind miteingeschlossen ist, ist die Liebe an ihr Ziel gekommen. Freunden Gutes tun, das machen alle, und Freunde grüssen selbst die Heiden, die man damals als gottlos erachtete. Jesus aber fordert das Aussergewöhnliche: Die zu lieben, die dich hassen und dir den Tod wünschen.

Die Feindesliebe ist die konsequente Fortsetzung der Nächstenliebe: Die Liebe gilt nicht nur dir selbst, auch nicht nur deinem Freund und Nächsten, sondern allen. Schrankenlos, bedingungslos, unterschiedslos. Aber wer würde so etwas tun? Seit wir in den Höhlen hausten, unterschieden wir zwischen Freund und Feind, und jetzt kommt Jesus und stellt diese notwendige und seit Jahrtausenden erfolgreiche Unterscheidung in Frage. Selbstverständlich erntet ein solches Verhalten meist nur Kopfschütteln und Ablehnung, keinen Applaus und auch keinen Lohn. Aber eben: Dann bleibt auch alles beim Alten. Auge um Auge, Zahn um Zahn, Kugel um Kugel. Man sieht ja, was dabei herauskommt, wenn die Trumps, Assads, Putins, Ungs und Xis dieser Welt ihre Kanonen aufeinander richten und erst noch behaupten, sie hätten nicht angefangen, sondern reagierten bloss. Jesus aber vertraut der Liebe mehr als den Kanonen, er will Grenzen abbauen, und er weiss: Gewalt kann nicht mit Gewalt überwunden, sondern nur von der Liebe von innen heraus durchbrochen werden. Aber eben: Damit erntet niemand Applaus, auch Jesus nicht, als er auf Golgatha hingerichtet wurde und sich nicht wehrte, weil er die Feindesliebe bis ans Kreuz trug. Jesus fordert das Aussergewöhnliche, und er lebt es auch. Mit letzter Konsequenz. Allein die Liebe überwindet die Feindschaft, den Hass und den Tod. Und wir wissen: Er hat recht.

Vielleicht verstehen wir jetzt, weshalb Jesus so radikal lehrt und lebt. Aber hilft es uns, diese aussergewöhnliche Forderung auch umzusetzen? Wohl kaum, sie bleibt aussergewöhnlich, zu aussergewöhnlich, zu radikal, zu extrem. Meinen Mörder lieben? Der 14-jährige Lateinschüler hatte recht: Das geht nicht. Ich bin nicht Jesus, und ich möchte auch nicht gekreuzigt werden oder erschossen. Es ist zu radikal, zu aussergewöhnlich. Ich möchte gerne, aber ich kann es nicht.

Ausser man folgt auch der *zweiten Entdeckung* Jesu: Was er fordert, ist nämlich nur in weltlicher, in menschlicher Perspektive das Aussergewöhnliche. Für den Vater im Himmel jedoch ist die Feindesliebe das Gewöhnliche, das Normale, das Alltägliche. Gewährt er nicht auch den Bösen das Leben (V45)? Und dies schon immer! Vielleicht ist Jesus naiv mit seiner Aussage, dass es auch für jene regnet und auch für sie die Sonne scheint, astronomisch und meteorologisch könnte man ihm widersprechen. Aber Jesus hat eine Sicht weit über die Welt und die Astronomie hinaus, er sieht mit den Augen Gottes. Und diese Perspektive ist für ihn die allumfassende und einzig gültige. Wenn Gott unterschiedslos liebt und auch vor seinen Feinden nicht Halt macht, weshalb sollten wir dann die einen ein-, und die anderen ausgrenzen? Wer begreift, dass Jesus eine ganz andere Sichtweise hat als die Welt seit Höhlenbewohnerszeiten, der/die realisiert, wie simpel es ist mit der Feindesliebe – und wie nichts, rein gar nichts daran vorbei führt. Wer noch immer weltlich-menschlich schaut, wie der Lateinschüler, für den/die ist die Feindesliebe im besten Fall eine nette Ideologie, zum kolossalen Scheitern verurteilt, wer aber schaut wie Gott, der/die merkt, dass sie das einzig Richtige und Vernünftige ist. Gott liebt auch seine Feinde, weil auch sie seine Kinder sind. So einfach ist das. So lebt Jesus, und so sollen auch wir leben. Der Lohn winkt im Himmel: Nicht als Ehrenplatz an Gottes Tafel oder als Pluspunkte, sondern als Gottes Hand auf deiner Schulter: Du hast das Richtige getan. Für die Feindesliebe gibt es auf der Erde Gelächter, im Himmel aber Anerkennung. Das ist unser Lohn (V46). Seid vollkommen wie Gott, heisst es am Ende (V48): Nicht perfekt oder makellos, aber ganzheitlich und ohne Schranken. Lass dir diese vollkommene Perspektive Gottes schenken, die nichts ausschliesst, diese ganzheitliche Sicht, und die Feindesliebe erscheint dir als das einzig Richtige. Lass dich anstecken vom vollkommenen Sein Gottes, lass ihn durch dich seine Feindesliebe zur Realität auch hier auf der Erde machen. Trump, Putin, Xi und Ung lieben? Nein, das kann ich nicht. Aber sie als Kinder Gottes sehen, als verirrte, die mein Gebet brauchen? Ja, das kann ich. Das nehme ich mir vor. Ein erster Schritt.

Ein paar Gedanken für den Sonntagnachmittag zu Hause: 1. Die Feindesliebe beginnt dort, wo du merkst, dass es auch für dich regnet, weil Gottes Feindesliebe auch dir gilt. 2. Die Feindesliebe wird dann möglich, wenn du eine neue Sicht gewinnst: Alle Menschen sind Gottes Kinder. Bitte darum, lass sie dir schenken, und dann schaue die Welt bewusst anders an. 3. Hoffe nicht auf Lohn, aber vertraue auf Gottes Anerkennung, dass du das Richtige tust, auch wenn der Rest der Welt den Kopf schüttelt. 4. Stelle dir, wenn du zweifelst oder nicht weiter weisst, folgende Fragen: Willst du über Menschen, die du nicht magst, herziehen oder für sie beten? Willst du das Menschliche tun oder das Richtige? Willst du mit den Augen Gottes sehen oder nur mit deinen eigenen? Willst du am Aussergewöhnlichen scheitern oder das Gewöhnliche wagen? 5. Und dann: Stell dir einen Feind vor (also Menschen, die du wirklich nicht magst): Was machst du jetzt?

Möge dir Jesus die Hand auf die Schulter legen und dir helfen, ihm zu vertrauen, das Richtige zu erkennen und es auch zu tun.

Amen.

Sehen wie der Vater
Gottes Nachtsicht in Matthäus 6

5 Wenn ihr betet, dann nicht wie die Heuchler, die gerne in den Synagogen und an den Strassenkreuzungen stehen zum Gebet, damit alle sie sehen. Hört, was ich euch dazu sage: Sie erhalten ihren Lohn! 6 Du aber geh zum Beten in deine Kammer, schliesse die Türe hinter dir und bete zu deinem Vater, der im Verborgenen ist. Und dein Vater, der auch im Verborgenen sieht, wird dir seinerseits geben. 7 Beim Beten sollt ihr nicht plappern wie die Heiden, die meinen, sie würden wegen ihres Wortschwalls erhört. 8 Macht es ihnen nicht nach; denn euer Vater weiss, wessen ihr bedürft, noch bevor ihr ihn darum gebittet habt.

Wenn eine Gitarre gut gestimmt ist, dann schwingt bei gleicher Tonhöhe die benachbarte Saite mit, ohne dass sie angezupft wird. Sie nimmt die Schwingungen der ersten auf und kommt in Gleichklang mit ihr.

Nach den Seligpreisungen und den Antithesen folgen in der Bergpredigt Worte zur Glaubenspraxis, zB. den Almosen, dem Fasten oder eben dem Beten. Dem Gebet widmet Jesus viele Worte (ua. auch das UnserVater), es hat für ihn grosses Gewicht. An dieser Stelle nun wendet er sich gegen zwei Arten des Betens, die beide aus der Angst geboren sind: dem Lautbeten und dem Vielbeten. Die Lautbeter beten in aller Öffentlichkeit, denn sie nehmen die Gebetszeiten, die damals üblich waren, so ernst, dass sie sie auch einhalten, wenn sie unterwegs sind, zB. an einer Strassenkreuzung. Eigentlich eine gute Haltung, aber sie entspringt wohl eher der Angst als der Ernsthaftigkeit, der Angst vor Gottes Zorn nämlich, sollte ein Gebet ausgelassen oder zur falschen Zeit verrichtet worden sein. Darum wird pünktlich und überall gebetet. Und alle sehen den Eifer, und alle bewundern ihn. Wäre diese Bewunderung nicht auch eine Motivation, öfters auf offener Strasse zu beten? Und plötzlich geht es nicht mehr um Gott, sondern nur noch um mich. Und der andere Fall: Aus lauter Angst, etwas nicht gesagt zu haben oder nicht laut oder klar oder oft genug, plappern die Vielbeter ohne Ende, als ob das Gebet eine endlose Durchsage der eigenen Wünsche wäre. Jesus, wie so oft, hat eine einfache und pragmatische Antwort auf beide Ängste: *Mach kein Theater!* Kein lautes und kein langes. Das Gebet ist ein persönliches Gespräch, also nimm es ernst und zieh dich zurück, so wie du auch mit deinem Bruder etwas Ernstes besprechen würdest. Und dort sage deinem Vater, was du brauchst, geradeheraus, ohne Umschweife, denn er kennt dich, und er hört dich. Mehr ist nicht nötig, weniger ist nicht ratsam.

Ein guter Rat von Jesus! Nur hilft er uns wohl kaum weiter, denn weder Lautbeten noch Vielbeten ist in den meisten Fällen unser Problem. Oder brüstet sich jemand mit imposantem Gebet während des Gottesdienstes? Und wer würde, wenn er denn schon betet, stundenlang beten? Im Gegenteil, unser Problem steht eher unter dem Motto *das Licht nicht unter den Scheffel stellen.*

Uns würde viel eher interessieren, weshalb wir überhaupt beten sollen, wenn der Vater doch schon alles weiss (V8). Und jetzt sind wir in der Tiefe, beim Wesen des Gebets angekommen. Gebet ist voller Spannung: Gott ist im Verborgenen (V6), und trotzdem sollen wir mit ihm reden. Gott weiss alles, und trotzdem sollen wir unsere Anliegen vorbringen. Voller Hoffnung sollen wir beten, und doch wissen wir aus Erfahrung, dass längst nicht alle Gebete in Erfüllung gehen. Diese Spannungen gehören wesentlich zum Gebet, und sie werden nie aufgelöst werden.

Vielleicht schickt uns Jesus darum ins stille Kämmerchen, damit die anderen unser Ringen mit dieser Spannung nicht mitansehen müssen. Wie wir kämpfen mit dem Gebet, mit Gott und auch mit uns selbst. Wie wir ringen mit Zweifeln und Ängsten, wie wir beten voller Hoffnung und doch unsere Erfahrungen nicht vergessen können. Wie war es denn bei Jesus? Was hat er in den 40 Tagen in der Wüste getan? Seinen Forderungskatallog heruntergebetet? Was in den langen Nächten, die er allein auf dem Berg verbrachte, was in jener Schicksalsnacht in Gethsemane? Hat nicht auch Jesus mit Gott gerungen, mit sich selbst, mit dem Gebet? Im Gebet sollen wir Gott ungefiltert sagen, was uns bedrückt, was wir brauchen, und er hört uns, und trotzdem gilt, was auch Jesus gesagt hat: *Nicht mein Wille geschehe, sondern deiner.*

Vielleicht gibt es noch einen weiteren Grund, weshalb uns Jesus ins Kämmerchen schickt: Dort sollen wir lernen, was es heisst, dass Gott auch im Verborgenen sieht (V6b). Meist wird falsch übersetzt mit *Gott sieht ins Verborgene,* dass Gott uns also überall sieht und auch in unser Herzen hinein. Aber das ist viel zu harmlos. Gott sieht *im* Verborgenen: Dort, wo wir nichts sehen, wo es für uns immer nur Dunkelheit gibt, wo wir ahnungslos sind und blind, ängstlich und zweifelnd. Nicht aber Gott, er behält den Durchblick.

Ein Gastprediger hat kürzlich erzählt, wie er früher ganze Bittkatalloge heruntergebetet habe und öfters schwer enttäuscht gewesen sei über das Resultat. Heute bete er eher um *mehr Gott.* Mehr von Gott in seinem Leben, mehr von Gottes Sicht auf die Welt, mehr von Gottes Durchblick durch die Verborgenheit. Es geht dabei nicht darum, den einen und einzigen Weg zu finden, den Gott für uns bestimmt hätte – Gott hat viele Wege für uns. Es geht um Durchblick, Weitsicht, Tiefenschau – soweit dies uns Menschen überhaupt möglich ist. Es geht darum, wie die zweite Saite bei der Gitarre mit der ersten mitzuschwingen. In Einklang mit Gott, harmonisch bewegt von ihm.

Das ist es, was Jesus in seinen langen Gebeten sucht: Sehen im Verborgenen wie der Vater. Und das dürfte es auch sein, wozu er uns in die Kammer schickt: Damit wir immer mehr lernen, mit Gott mitzuschwingen, seinen Willen zu entdecken, seine Sicht zu erkennen. Damit wir lernen, dem Vater, der auch im Verborgenen sieht, zu vertrauen, trotz all der Spannungen des Gebets und des Glaubens. Gerade wegen dieser Spannungen.

Wer mit Gott mitschwingt, wird ohne Bedenken alles sagen, was er/sie braucht und ohne Groll akzeptieren, was er/sie nicht erhält. Im Einklang mit Gott ist ein nicht erhörtes Gebet kein Grund, seinen Glauben aufzugeben. Je mehr wir den Willen des Vaters erahnen, desto mehr sehen wir weitere Zusammenhänge und Gründe, weshalb Dinge so sind, wie sie sind. Alles verstehen werden wir nie, aber wir können lernen, Gott so zu vertrauen, dass auch die Bedenken unseres Verstandes und die Widersprüche gegen unsere Logik keine Rolle mehr spielen. Jesus spricht davon, dass Gott jeden Spatz am Himmel sieht und keinen vergisst, aber auch er weiss, dass jedes Jahr Spatzen von Katzen gefressen werden und im Winter erfrieren. Und trotzdem zweifelt er nicht an der Schöpferliebe des Vaters, der auch in der Dunkelheit sieht.

Amen.

Lass den Hammer liegen
Richter, Hämmer und Urteile in Matthäus 7

1 Richtet nicht, damit ihr nicht gerichtet werdet! 2 Mit dem Urteil, mit welchem ihr richtet, werdet auch ihr gerichtet werden. und mit dem Mass, mit welchem ihr messt, wird euch zugemessen werden. 3 Was siehst du den Splitter im Auge deines Bruders, den Balken in deinem Auge aber nimmst du nicht wahr? 4 Oder wie kannst du zu deinem Bruder sagen: Lass mich den Splitter aus deinem Auge herausziehen, und dabei ist in deinem Auge der Balken? 5 Du Heuchler! Zieh zuerst den Balken aus deinem Auge. Dann wirst du klar genug sehen, um den Splitter aus dem Auge deines Bruders herauszuziehen.

Weil ich ressourcenschonend leben möchte, verwende ich Tageslinsen entgegen dem Rat der Packungsbeilage oft mehrfach, so dass sie zuweilen reissen, manchmal auch in meinem Auge drin. Einmal bin ich aufgewacht mit brennendem Auge – ein kleines Stückchen Linse steckte noch drin und schmerze furchtbar. Wie ich es herausbekam, weiss ich nicht mehr, aber ich weiss noch: Es war zwei Uhr morgens, das Linsenstück war sehr klein und durchsichtig.

Jesus aber spricht nicht von einer Linse, sondern von einem Balken. Was für ein Bild: äusserst illustrativ und ansprechend, aber auch verwirrend und vor allem: schmerzhaft. Der Balken im Auge ist jedoch nur die Illustrationsmetapher, das Hauptbild unserer Verse ist das des Richters, und damit wollen wir beginnen.

Ich stelle mir einen Richter vor in seiner Robe, er sitzt auf einer erhöhten Richterbank, in der Hand hält er den Hammer, und wenn er auf das Holz schlägt, ist das Urteil gefällt und endgültig. Ob das genau so war in der Zeit Jesu, bezweifle ich, aber das spielt keine Rolle. Wohlverstanden: Jesus spricht kein Berufsverbot gegen Richter aus, und er verbietet auch nicht, dass wir uns eine eigene Meinung bilden. Vielmehr geht es ihm um diesen Hammer: Das

Urteil ist definitiv, endgültig, es gibt keinen Spielraum mehr, der Richter hat Recht gesprochen und damit auch die Wahrheit. Wer den Hammer schwingt, hat die Macht, über Leben und Tod zu bestimmen. *Das* sollen wir lassen. Aber weshalb? Der andere *ist* doch ein Sünder! Es bleibt: Das letzte Urteil fällt Gott, nicht der Mensch, und wir, die wir ja gar keine Richter sind und auch kein Mandat von der Gesellschaft zugesprochen bekommen haben, sollen keinen Hammer schwingen. *Mit demselben Mass wirst du gemessen,* sagt Jesus und meint damit das Jüngste Gericht. Wer sich anmasst, göttliche Urteile zu sprechen, auf den fällt dieses Urteil zurück. Das ist die erste, theologische Begründung von Jesus, und es ist eine Drohung. *Wer bist du, dass du sein willst wie Gott* (wie im Paradies, wir erinnern uns an die Schlange) *– dir soll es gleich ergehen!*

Es ist ungewöhnlich, dass Jesus droht, und vielleicht folgt deshalb eine zweite, spirituelle Begründung: Der Balken im Auge. Wie gesagt, ein gewaltvolles Bild, und massiv übertrieben, ein Balken könnte ja gar nicht im Auge stecken. Jesus übertreibt oft, um seiner Rede das nötige Gewicht zu verleihen. Landläufig wird das Wort vom Balken so interpretiert, dass jeder zuerst vor seiner eigenen Türe kehren soll, bevor er sich das Maul über die Nachbarn zerreisst. Aber das ist nicht der springende Punkt. Ich glaube, es hat viel mehr mit dem Balken an sich zu tun. Stellen wir uns vor: Wie sehr muss ein Balken im Auge schmerzen? Und was sieht man mit einem Balken im Auge? Gar nichts, man ist auf einem Auge blind. Ein halbblinder Mensch, von stechendem Schmerz gepeinigt, will seinem Gegenüber ein Splitterchen aus dem Auge operieren. Kein Wunder, wehren sich die Patienten mit Händen und Füssen.

Und damit hat Jesus ein Bild von uns Menschen gezeichnet, welchem sich zu entziehen nicht einfach fällt. Was nervt uns am meisten an unseren Mitmenschen, Mitchrist*innen, Ehepartnern und Kindern? Welche Splitter sehen wir am ehesten in den Augen der anderen? Sind es nicht die, die auch in unseren Augen stecken? Und zwar so lange schon und so schmerzhaft, dass wir sie, vor lauter

82

Schmerz betäubt, gar nicht mehr wahrnehmen oder wahrhaben wollen? Rechthaberei, Arroganz, Selbstüberschätzung und Selbstdarstellung fallen mir bei anderen sofort auf, und gerne stecke ich meinen Finger in ihre Wunde. Weshalb? Könnte es sein, dass mir ihre Laster persönlich bekannt sind, ja so sehr bekannt, dass ich lieber auf andere zeige als auf mich selbst? Und könnte es sein, dass ich mir sicher bin, ihre Fehler klar und deutlich zu sehen und sogar aufdecken zu müssen, während ich in Wahrheit halb blind bin und unmöglich ein genaues Bild ihres echten Zustandes wahrzunehmen vermag? Mehr noch: Dass ich der letzte bin, der für die Splitterentfernung in Frage käme? Könnte das sein? Es könnte nicht nur, es ist so. Und obwohl ich in keiner Weise dazu befähigt bin und auch nicht beauftragt, nehme ich den Hammer und fälle das Urteil. Und mit jedem Schlag des Hammers ramme ich mir meinen eigenen Balken noch tiefer ins Auge.

Stimmt das? Schwingen wir den Hammer, obwohl uns der Pfahl im Auge steckt? Verurteilen wir andere, sprechen wir Urteile, schreiben wir Menschen ab? *Hast du die gesehen? Die meint, man merke nicht, wie künstlich sie aussieht. Sie ist ja so peinlich. – Präsident Trump ist nicht nur dumm und faul, er ist auch noch eitel und selbstverliebt! – Mein Vater/Lehrer/Chef/Pfarrer plustert sich auf, als ob er die Wahrheit mit dem Löffel gefressen hätte. Dabei ist er doch so beschränkt und hat keine Ahnung.* Es ist ja nicht so, dass alles in diesen Sätzen falsch wäre. Aber der Hammer fällt, das Urteil steht und die Person ist abgeschrieben. Egal, ob laut und öffentlich oder leise und heimlich.

Sollen wir lieber überhaupt nichts sagen, keine eigene Meinung haben? Doch, eine Meinung schon, aber nicht ein Urteil. Es geht um den definitiven Charakter unserer Urteile, um das göttliche Richten, das uns nicht zusteht. Und es geht um den Monolog, den wir führen, obwohl wir gar nicht richtig sehen. Wir urteilen, ohne mit dem Gegenüber ins Gespräch gekommen zu sein.

Hier liegt auch der Ansatz zur Lösung: Der Dialog. Die Ermahnung im Gespräch. In der Bibel wird oft ermahnt, denn eine Ermahnung ist nicht das einsame Urteil des Richters, sondern das Gespräch unter Brüdern und Schwestern. Die Ermahnung ist nicht die Augenoperation beim anderen mit 50% Sicht, sondern seine Hilfe für dein Auge. Denn du allein siehst deinen Balken nicht, du bist blind, und vor lauter Schmerz spürst du auch dein Auge nicht mehr. Aber er sieht ihn, er kann dir helfen. Nur wer bereit ist, sich auf das Gegenüber einzulassen, seine Sicht der Dinge zu hören und auch sich selbst etwas von ihm sagen zu lassen, soll sich auf die Splitter der anderen konzentrieren. Wir brauchen einander: Um die Wahrheit zu finden, um uns gegenseitig Splitter und Balken aus den Augen zu ziehen, um wieder klar zu sehen. Darum beruft Jesus Menschen nie alleine, sondern als Gemeinschaft. Wie etwa die zwölf Jünger. Es gibt keine Solochristen.

Ein paar Hinweise für die nächsten Tage: 1. Fälle keine definitiven Urteile – du bist nicht Richter, und du bist nicht Gott. Wo immer du wieder einmal das Urteil sprechen willst – spricht deine Meinung, aber lass den Hammer liegen. 2. Auch als Kirche sind wir nicht Träger der Wahrheit. Wir treffen Entscheide, organisieren uns – aber ist das auch schon die Wahrheit? Die EMK debattiert im Moment weltweit intensiv über die Homosexualität, auch ich habe eine Meinung, aber ich habe nicht die Wahrheit. Niemand darf ein letztes Urteil fällen, weder dafür noch dagegen. Das müssen wir als Kirche und als Gemeinde aushalten. Das Urteil fällt ein anderer, und bis dahin begnügen wir uns mit unserer Meinung. Das macht uns als Kirche nicht beliebig, das macht uns ehrlich und echt und stark. Wir fällen keine letztgültigen Urteile, schon gar nicht im Namen Gottes. 3. Wenn dir jemand den Splitter / Balken gezogen hat und du wieder gut siehst: Was erkennst du beim Blick zurück? Wo hast du gerichtet, verurteilt, abgeschrieben? Und was machst du jetzt, da du es erkannt hast, damit? Jesus Christus, dessen Liebe auch deinen Tod überwindet, schenke dir klare Augen, ein ehrliches Herz und die richtigen Schritte.   Amen.

Die Goldene Regel
Wie es funktioniert in Matthäus 7

Also: Wie auch immer ihr wollt, dass die Leute euch behandeln sollen, so behandelt auch ihr sie. Dies nämlich ist das Gesetz und die Propheten.

Rabi Hillel, der um 20 vC. in Israel wirke, wurde von einem Heiden herausgefordert, ihm die ganze Tora zu erklären, solange er auf einem Bein stehen könne – gelänge es ihm, würde er, der Heide, Jude werden. Hillel antwortete: «Was dir unlieb ist, tue keinem anderen; das ist die ganze Tora, und das übrige ist Erläuterung; geh und lerne!» (Shab 31a). Das ist die sog. Goldene Regel - hat Jesus hier abgeschaut? Das wäre gar nicht so erstaunlich, denn vieles von dem, was Jesus sagt, ist gar nicht neu, sondern neu interpretiert und in einen neuen Zusammenhang gestellt.

Auch die Goldene Regel hat Jesus nicht erfunden, und auch er, wie Rabi Hillel, versteht sie als Zusammenfassung des ganzen Alten Testaments (= Gesetz und Propheten). Aber nicht nur das: Sie ist auch die Zusammenfassung seiner Bergpredigt, denn sie stellt das Ende der ethischen Lehre dar, nachher folgen nur noch abschliessende Bildworte.

Das ist doch recht erstaunlich, denn es fällt sofort auf, dass die Goldene Regel – als Zusammenfassung des Alten Testaments und der Bergpredigt! – gar keinen religiösen Inhalt hat. Sie ist in vielen Kulturen bekannt, auch bei uns: *Was du nicht willst, dass man dir tu, das füge keinem andren zu.* Oder: *Wie man in den Wald ruft, so kommt es zurück.* Und ebenso interessant ist, dass das *Du* ganz in den Vordergrund zu stehen kommt: Was *du* willst, dass die anderen *dir* tun, dass tu *du* auch ihnen (im Urtext steht ein Plural («ihr»), weil Jesus viele Menschen anspricht, gemeint aber ist der einzelne Hörer / die einzelne Hörerin). Die Frage, was ich tun soll, wird zur Frage, was ich selbst möchte. Jesus beginnt nicht mit dem Wohl des Nächsten, sondern mit meinen Wünschen: Wie möchtest *du selbst* behandelt werden? Das ist umso erstaunlicher, als in jener Zeit das Kollektiv viel wichtiger war als das Individuum. Nicht das Gesetz des Staates, nicht die Gebräuche der Gesellschaft, nicht die Predigt des Pfarrers, sondern deine Wünsche stehen im Vordergrund. Natürlich sind wir alle vom Gesetz, der Gesellschaft und allenfalls vom Pfarrer beeinflusst, aber nichts von alldem nimmt uns die persönliche Entscheidung ab: Was willst du? Die klassische Frage der Ethik lautet: Was soll ich tun? Jesus dreht sie um: Was möchtest du?

Jesus geht davon aus, so nehme ich an, dass wir über einen gesunden Egoismus verfügen und darum das Gute wollen für uns – und entsprechend auch für die anderen. Unsere Zeit jedoch scheint mir viel mehr als damals geprägt zu sein von Zwängen, Unsicherheiten und sozial schwierigen Situationen. Sind unsere Wünsche noch so gesund, wie Jesus das voraussetzt? *Ich möchte von allen immer und bedingungslos geliebt werden. – Ich möchte einfach sein können, wie ich bin, ohne Rücksicht auf andere nehmen zu müssen.* Vielleicht kommen dir diese Wünsche bekannt vor. Aber sind sie auch erfüllbar, sind sie überhaupt noch gesund? Ist es das, was Jesus meinte? Ich glaube nicht. Neben dem gesunden Egoismus, der weiss, was wichtig und nötig ist, gibt es auch den kranken Egoismus, der immer auf Kosten der anderen geht.

Es ist also ebenso sehr ein Privileg, bei sich und seinen Wünschen anfangen zu dürfen, wie es auch eine Verantwortung ist. Wenn es darum geht, wie ich mich verhalten soll, kann ich nicht einfach auf einen Katalog oder eine Bestenliste zurückgreifen, sondern muss mich jedes Mal – jedes Mal! – fragen, was ich denn möchte. Und dazu gehört auch die Frage, ob meine Wünsche noch von einem gesunden Egoismus zeugen oder bereits von einem kranken. Was aber, wenn ich das nicht unterscheiden kann? Und was, wenn ich gar nicht recht weiss, was ich will? Darum die wichtige Frage in dein Leben: Was willst du überhaupt?

Nun aber: Ist die Goldene Regel nicht zu sehr ichbezogen? Geht es im Leben wirklich nur um die Erfüllung meiner Wünsche? Ist das nicht Ausdruck unserer Zivilisationskrankheiten, dem übertriebenen Individualismus und dem egozentrischen Hedonismus? Ist der Nächste wirklich nur der Erfüller meiner Wünsche? Das wäre es, hiesse es: *Wie du von den anderen behandelt werden willst, dazu zwinge sie, das befiehl ihnen, das kaufe dir!* Dann braucht das Ich das Du nur, um selbst grösser zu werden. Jesus aber sagt: *... so behandle auch sie!* Ein simples, konkretes Beispiel: Wenn ich zu einer Pizza eingeladen werden möchte, dann soll auch ich einladen. Und zwar zuerst: Wie du in Zukunft von anderen behandelt werden willst, so behandle sie in der Gegenwart. Der griechische Urtext macht ganz eindeutig einen zeitlichen Unterschied. Es ist mein Wunsch – aber auch mein erster Schritt. Es beginnt bei mir, aber es bleibt nicht bei mir, sondern geht direkt zum Nächsten, so dass aus dem Ich – Du ein Wir wird. Die Goldene Regel überwindet das masslose Ich und holt das Du ab, so dass es ein Wir wird. Und das ist etwas ganz anderes als egozentrischer Individualismus. Noch ein Beispiel: In einem Konflikt zu Hause oder am Arbeitsplatz möchte ich, dass das Gegenüber diesen Konflikt friedlich mit mir löst – also biete ich Frieden an. Ich möchte respektvoll behandelt werden – und warte eben gerade nicht darauf, dass der oder die andere etwas unternimmt, sondern hole sie ein, indem ich respektvoll handle. Vom Ich zum Du zum Wir.

Es ist sicher kein Zufall, dass Jesus im Gegensatz zu Rabi Hillel die Goldene Regel *positiv* formuliert. Es geht nicht darum, dass wir das seinlassen, was uns nicht gefällt, sondern dem anderen das tun, was uns selbst gefällt. Das ist die Wende vom Verbotenen hin zum Gebotenen. Es ist der Wechsel von der Angst vor Gesetzesverletzung hin zur Kreativität der Lebensgestaltung. Vom passiven Seinlassen des Schlechten zum aktiven Wirken des Guten. Und hier sehen wir, wie Jesus traditionelle Regeln aufnimmt und sie neu interpretiert. Weg vom Gesetz, hin zum Reich Gottes. Wie Gott selbst: Hat nicht auch er den ersten Schritt getan auf seine rebellischen Kinder zu, obwohl er im Recht war und hätte warten können?

Aber kann es sein, dass alles im Grunde genommen so einfach ist? Leitet uns dieses simple Goldene Regel in jeder Situation zum richtigen Verhalten? Ich glaube, dass es tatsächlich so ist. Was aber, wenn ich nicht bereit bin, den ersten Schritt zu machen, weil ich ihn vom anderen erwarte? Was, wenn ich lieber Gast bin als Gastgeber? Und was, wenn in einem Konflikt die Schuld eindeutig nicht auf meiner Seite ist? Ein Mitarbeiter hat mich zu Unrecht vor anderen blossgestellt. Sie hat ihren Mann betrogen. Er hat sie belogen und bestohlen. Weshalb sollte sie den ersten Schritt machen? Und was, wenn ich den ersten Schritt mache, selbst aber nie zu einer Pizza eingeladen werde? Was, wenn ich das Unrecht meines Mitarbeiters friedlich ansprechen will und er es ausnutzt, um sich erst recht über mich lustig zu machen?

So einfach die Goldene Regel klingt, so schwierig ist sie. Ich glaube, der Evangelist Matthäus war sich dessen bewusst, als er die Bergpredigt zusammengestellt hat. Denn der nächste Abschnitt lautet: *Tretet ein in das enge Tor! Denn weit ist das Tor und breit der Weg, der ins Verderben führt.* Die Goldene Regel ist ein einfacher, aber ein enger und ein schwieriger Weg. Dieser Weg führt zum echten Leben, aber einfach ist er nicht. Ich will nicht, das Gegenüber reagiert nicht, es funktioniert nicht. Für seine Haltung ist Jesus ans Kreuz geschlagen worden – ein weiterer Hinweis dafür, dass es eben doch nicht funktioniert.

Wirklich nicht? War sein Weg wirklich falsch? Die Tatsache, dass nicht immer gelingt, was ich mir erhoffe, heisst nicht, dass der Weg falsch ist. Aber auch diese Zweifel scheint Matthäus zu kennen, und so sehr er uns immer und immer wieder zu einer richtigen Lebensführung anhält, so wenig ignoriert er unser Scheitern. Denn vor der Goldenen Regel steht: *Bittet, und es wird euch gegeben werden, sucht, und ihr werdet findet, klopft an, und es wird euch geöffnet werden.* Das ist kein Zufall, sondern Liebe zum Detail, eine geistliche Anweisung, wie wir die Goldene

Regel verstehen und praktizieren können. Es ist bei Matthäus immer beides: Die Gabe und die Aufgabe. Und bei Jesus auch. Gnade und Ethik, dürfen und sollen, sein erster Schritt, mein zweiter. Wenn du also nicht Gastgeber sein magst, dann bitte um Grosszügigkeit. Wenn dir Unrecht getan wurde, dann bitte um Vergebung und ein offenes Herz, damit du diesen ersten Schritt trotz allem wagen kannst. Wenn dein erster Schritt nichts bringt, dann bitte um Geduld und um einen zweiten Schritt und einen dritten. Die Goldene Regel ist nicht bloss ein ethischer Weg, sie ist eine geistliche Lebensführung: bitten, empfangen, handeln, scheitern, versuchen, gelingen. Verheissen ist uns allen, dass wir finden, wenn wir suchen. Und dass Türen aufgehen, wenn wir anklopfen.

Amen.

4 Jesus

Ent-Scheidungen
Wir und unsere Kinder in Matthäus 10

34 Meint nicht, dass ich gekommen bin, Frieden über die Erde zu bringen; ich bin nicht gekommen, Frieden zu bringen, sondern das Schwert. 35 Denn ich bin gekommen, den Menschen mit seinem Vater zu entzweien und die Tochter mit ihrer Mutter und die Braut mit ihrer Schwiegermutter, 36 und zu Feinden werden dem Menschen seine Nachbarn. 37 Wer Vater oder Mutter mehr liebt als mich, passt nicht zu mir, und wer Sohn oder Tochter mehr liebt als mich, passt nicht zu mir. 38 Und wer sein Kreuz nicht ergreift und mir nachfolgt, passt nicht zu mir. 39 Wer sein Leben findet, wird es verlieren, und wer sein Leben verliert, wird es dank mir finden.

Eigentlich wollte ich nur über das Schwert sprechen und den ausbleibenden Frieden, bis ich realisiert habe, dass im Gefolge dieses Wortes Verse stehen, die mir im Hals steckenbleiben. Es ist vor allem einer: Jesus mehr zu lieben als seine eigenen Kinder. Dasselbe gilt zwar für die Eltern, und auch in meinem Leben kam die Zeit der Entscheidung, ob ich den Weg der Familie ohne Jesus gehe oder den Weg des Glaubens mit ihm. Diese Entscheidung ist mir nicht sonderlich schwer gefallen, bis heute nicht. Und dasselbe soll nun auch von den eigenen Kindern gelten.

Ich kann mich erinnern, dass mich diese Frage stark umgetrieben hat, als meine Kinder gerade erst zur Welt gekommen waren. Würde mich Jesus je vor die Alternative stellen, entweder ihn zu lieben oder meine Kinder? Meine Antwort damals war, dass ich mir nicht vorstellen kann und will, dass Jesus, der Inbegriff der Liebe, mich vor eine solche Alternative stellt. Und wenn doch, dann würde ich mit einem Gott, der solche Forderungen stellt, nichts mehr zu tun haben wollen. Mit dieser Antwort bin ich zwanzig Jahre gut gefahren. Bis zur letzten Woche, da ist mir dieses

Wort wieder begegnet, aber jetzt kann ich ihm nicht mehr ausweichen.

Ich stehe dazu: Ich werde mich nicht damit abfinden, eine Alternative zwischen meiner Liebe zu Jesus und zu meinen Kindern zu machen. Wie soll ich meine Kinder als sein grösstes Geschenk verstehen, wenn ich mich gegen sie entscheiden muss? Ihr seht, ich rede mich um Kopf und Kragen, mitten hinein in Teufels Küche. Aber meine Kinder und mein Jesus, das ist das Wichtigste in meinem Leben, und wie soll ich mit einer solchen Spannung leben?

Wenn sich die Gemüter so erhitzen, ist es angebracht, etwas Druck aus dem System zu lassen und die Sache nüchtern zu betrachten. Das tun wir, indem wir uns ein paar Fragen stellen. *1. Wo steht dieser Text im Matthäusevangelium?* Er steht in der Missionsrede (Kapitel 10), in der Jesus seine Jünger auf ihre Aufgabe vorbereitet und zurüstet. Dazu gehört auch die Möglichkeit, dass sie abgelehnt werden, ja sogar bedroht und verfolgt. Diese Worte sind also für eine ganz besondere Situation gedacht, in der es um Zeugnis, Standhaftigkeit und Aussenbezug geht. Es sind nicht Worte für das Familienznacht am Küchentisch. Die Frage, wen ich wie sehr liebe, stellt sich nicht im Alltag beim Schneemannbauen oder Vokabelbüffeln – sie hat ihren ganz eigenen Ort, und das ist die Missions- oder besser: die Bekenntnissituation.

2. Was genau wird gesagt? Jesus fordert die Jünger nicht auf, das Schwert zu zücken und im heiligen Krieg alle Beziehungen, die nicht gottgemäss sind, zu zerschlagen und zerstören. Er weist die Jünger darauf hin, dass es zu Zerrüttungen kommt, wo das Bekenntnis zu ihm in Frage gestellt wird. Es wird, wenn Menschen bewusst und bekennend zu Jesus stehen, zu Ent-Scheidungen kommen. Christ*innen werden in Situationen geraten, wo ein normaler, gutschweizerischer, austarierter und eingemitteter Kompromiss zwischen ihrem Glauben und der allgemeinen Weltanschauung nicht mehr möglich ist. Und diese Entscheidung wird Konsequenzen haben: Unverständnis, Gelächter, Ablehnung. Jobverlust, Ächtung, Bedrohung.

Christ*innen sind nicht die Menschen mit dem Schwert in der Hand, sondern die, die unter dem Schwert leiden um Jesu willen. Christ*innen sind die, die nicht die Beförderungsurkunde nach Hause tragen, sondern ihr Kreuz. *Ihr* Kreuz, das, was sie tragen können, was ihnen Jesus zumutet, nicht *sein* Kreuz – das wäre unmöglich, und das trägt er selbst.

3. Wie ist das mit den Kindern? Solche Ent-Scheidungen machen nicht vor der Haustüre halt, sie gehen mitten durch die Familie hindurch. Ihr erinnert euch an den Anfang, wo ich von Entscheidungen gegen die Eltern gesprochen habe. Und sie gehen weiter: Bis zum Sohn und zur Tochter (V37b). Ist es nicht auffällig, dass Jesus nicht von *Kindern* spricht, sondern von Sohn und Tochter? Ich bin überzeugt, dass dies ein Hinweis ist, nicht an unsere kleinen, unschuldigen, hilflosen und schutzbedürftigen Kinder zu denken, denen wir unsere Liebe nie entziehen können, dürfen oder sollen – nur schon, weil Jesus ja selbst Kinder liebt und segnet (Mt 19,13ff). Es geht um unsere Söhne und Töchter, die in geistlicher Hinsicht mündig sind und selbst entscheiden können, ob sie glauben wollen oder nicht. Es geht also um unsere *erwachsenen* Kinder. Auch wir mussten uns von unseren Eltern abnabeln, oft auch in geistlicher Hinsicht, weil uns ihr Glauben zu eng oder zu undifferenziert war oder weil sie mit Jesus gar nichts anzufangen wussten. Und so werden sich auch unsere Kinder von uns abnabeln und eine eigene Spiritualität finden. In diesem Prozess ist es möglich, dass sie unseren Glauben ablehnen und nach der Konfirmation nie mehr freiwillig einen Schritt in die Kirche machen. Das führt zu Auseinandersetzungen, zu Streit und zur Frage, ob wir dem familiären Frieden zuliebe auf unseren Glauben verzichten. Es heisst mit keinem Wort, dass wir unsere Kinder nicht lieben und nicht immer wieder versuchen sollen, ihnen im Namen der Liebe Jesu zu begegnen. Jesus macht uns aber darauf aufmerksam, dass unser Glaube an ihn nicht genetischer Natur ist und automatisch an unsere Töchter und Söhne weitergegeben wird, sondern eine Entscheidung darstellt, zu der wir stehen sollen – und die unsere Kinder auch fällen müssen, inklusive der Möglichkeit eines Neins. Den Diskussionen, die eine solche Entscheidung meiner Kinder mit sich bringt, kann ich aus dem Weg gehen – oder aber Wege suchen, zu meinem Glauben zu stehen, auch wenn meine Kinder den Kopf dazu schütteln. Diese Spannung, diese Spaltung gilt es auszuhalten. Denn wenn einer wie Jesus in unser Leben kommt, geht es nicht mehr schiedlich-friedlich weiter wie bisher.

Was heisst das konkret für unser Leben? 1. Wo Jesus auftritt, scheiden sich die Geister, es geht ein Riss durch die Beziehungswelt, und dieser Riss betrifft auch unsere Familien. Das Reich Gottes ist kein kapitalistisches Paradies mit Wohlfühloasen für die einen und dem, was davon übrig bleibt, für die anderen. Das Reich Gottes ist Nächstenliebe, Feindesliebe, Hungernde speisen, Kranke pflegen, Eingesperrte besuchen (Mt 25). Das ist Gottes Vision für die Welt – und sie stellt eine Gefahr dar für die Mächtigen dieser Erde, weil sie das ganze Gefüge von Leistung und Lohn, oben und unten, wertvoll und wertlos in Frage stellt. Mit dieser Vision schickt uns Jesus in die Welt, sie zu verkündigen und zu leben. Und das führt zu Spaltungen – mehr noch: Wo sie *nicht* zu Spaltungen führt, läuft etwas falsch. Wo wir nicht den Unterschied machen, wo niemand auf uns zeigt, wo sich statt der Armen und Hilflosen die Reichen und Mächtigen um uns gesellen, da läuft etwas schief, da ist nicht Reich Gottes. Wo also sind diese notwendigen Spaltungen, dieses höhnische Gelächter, wo sind die verächtlichen Blicke in unserem Leben? Wo tragen wir unser Kreuz sichtbar auch für den Rest der Welt? 2. Verlacht und verachtet zu werden ist allerdings noch kein hinreichendes Zeichen dafür, dass du alles richtig machst. Vielleicht lachen deine Kolleginnen, weil du kleinlich bist und ängstlich, vielleicht meiden dich deine Mitarbeiter, weil du Steifheit, Unbelehrbarkeit und Negativität ausstrahlst. Das Kriterium ist die Liebe, und wo sie ist, ist Freiheit und Freude. Liebe ist attraktiv, auch wenn – oder gerade wenn! – sie eine Gefahr darstellt für das Gefüge der

Welt. Trägst du also das Kreuz der Liebe oder das der geistlichen Borniertheit? 3. Und was heisst das für unsere Kinder? 5 «Du sollst-Behauptungen»: I. Du sollst nicht absichtlich geistliche Spaltungen herbeiführen, grundsätzlich nicht und auch in deiner Familie nicht. II. Wenn sie trotzdem geschehen, sollst du sie als geistlich verständliches und in einem gewissen Mass auch als zu erwartendes Phänomen anschauen. III. Du sollst auch bei familiären Spannungen bei deinem Glauben bleiben, ihn aber zugleich selbstkritisch hinterfragen. IIII. Du sollst deine Kinder immer von ganzem Herzen lieben, selbst wenn sie nicht mehr glauben können und nicht mehr mit dir beten wollen. V. Du sollst ihnen so begegnen, dass aus deinen Augen nicht der Scharfrichter sie ansieht, sondern Jesus, der alle Menschen und alle Kinder liebt.

Amen.

Bist du sauer genug?
Was in uns wachsen soll in Matthäus 13

*Das Reich Gottes ist gleich einem Sauerteig, den eine Frau
nahm und in drei Mass Mehl verbarg, bis alles durchsäuert
war.*

Das Reich Gottes ist gleich dem Corona-Virus: Hat es einer, haben es bald alle, und er verbreitet sich über die ganze
Welt. Das klingt etwas schräg, oder? Darf man das Reich
Gottes mit dem Corona-Virus vergleichen? Etwa so schräg
haben die Zeitgenossen Jesu wahrscheinlich das Wort vom
Sauerteig empfunden, denn der Sauerteig galt damals als
Bild für böse, zersetzende Kräfte, die nicht stoppen, bis sie
an ihr Ziel gekommen sind. Für die Schriftgelehrten etwa
ist der Sauerteig ein Bild für die Sünde, die alles durch-
dringt und zerstört. Und bei Jesus wird er zum Gleichnis für
Gottes Herrschaft. Jesus provoziert gerne. Lassen wir uns
also etwas provozieren!
    Da ist eine Frau am Backen. Wer ist sie, woher der
Sauerteig stammt oder wozu sie das Brot bäckt, bleiben uns
verborgen. Wichtig ist nur der Sauerteig. Sauerteig enthält
Milchsäurebakterien und Hefepilze, die den Teig lockern
und aufgehen lassen, die Verdaubarkeit fördern und das
Aroma verbessern. Ohne Sauerteig gibt es bloss fades Fla-
denbrot. Sobald der Sauerteig ins Mehl gelangt, lässt sich
der Vorgang der Durchsäuerung nicht mehr aufhalten, bis
der ganze Teig säuerlich ist. Das ist wohl der Grund, weshalb er häufig als Bild für das Böse verwendet wird. Die
Frau hat drei Mass Mehl, das sind 50 Kilo, eine Riesen-
menge, und dafür werden ca. 6 Kilo Sauerteig benötigt –
die Pointe des Gleichnisses ist aber nicht der Grössenunter-
schied, sondern die *Unaufhaltsamkeit* des Vorganges.
    Es fällt auf, dass die Frau den Sauerteig gar nicht ein-
knetet, sondern nur „verbirgt". Gemeint ist, dass sie ihn so
tief ins Mehl legt, bis er ganz vom Mehl verhüllt und nicht
mehr sichtbar ist. Und dann lässt sie den Teig stehen, denn

sie vertraut ganz auf die Wirksamkeit des Sauerteigs, sie weiss, dass es zusätzliche Arbeit gar nicht braucht, das Wesentliche geschieht von selbst und im Verborgenen. Damit ist die Geschichte zu Ende.

Das Reich Gottes ist ein Sauerteig, es ist eine subversive Sache: Im Geheimen des Backtroges werden ungeheure Mengen Mehl verändert, und zwar unaufhaltsam und unumkehrbar. Ehe man es sich versieht, ist es passiert, und dann ist es zu spät, es kann nicht mehr rückgängig gemacht werden. Das Reich Gottes hat mit massiver Veränderung zu tun, geradezu mit Umsturz, und es zielt immer auf nichts weniger als das Ganze: Der ganze Mensch, das ganze Land, die ganze Welt. Das Reich Gottes ist in der Tiefe wirksam, so wie der Teig, der im Mehl verborgen liegt. Erst dort, wo es wirklich um etwas geht, ist es wirksam, für Oberflächliches, Schnelllebiges und Vergängliches interessiert es sich nicht. Und selbst dann, wenn es noch gar nicht oder nicht mehr sichtbar ist, bleibt es wirksam, denn es hat eine Wirkkraft, die das Sicht- und Denkbare bei weitem übertrifft.

Das Reich Gottes ist und bleibt an der Arbeit, es lässt sich nicht mehr verdrängen, selbst da nicht, wo wir scheitern. Oder noch schlimmer: Wo wir, absichtlich oder auch nicht, alles dazu beitragen, dass es nicht mehr sichtbar oder glaubhaft ist. Selbst da ist es noch wirksam. Das Reich Gottes wird sich auch ohne mich und ohne dich entfalten. Das gefällt mir an diesem Gleichnis: Es verbreitet eine Zuversicht, die sich nicht auf das Sichtbare beschränkt. Es arbeitet an uns und unserer Hoffnung, unserer Motivation, unserer Geduld: Nichts zu sehen heisst nicht, dass nichts da ist. Jesus lässt keine Zweifel offen: Es wird so sein, unabhängig von Grösse, Zeit oder Sichtbarkeit. Wie der Teig unaufhaltsam durchsäuert wird, so wird sich das Reich Gottes unaufhaltsam auf dieser Erde durchsetzen. Unaufhaltsam und unwiderruflich!

Und was hat das nun mit uns zu tun? Gerne würde ich sagen: Es ist unsere Aufgabe, diesen Sauerteig ins Mehl zu drücken, das Reich Gottes tief in die Gesellschaft zu kneten, und ich hätte natürlich ein paar Ideen dazu, auch zur nationalen und globalen Verfassung unserer Kirche. Aber, und das ist der Clou des Gleichnisses: Es geht nicht ums Kneten. Es geht nicht darum, was wir tun. Der Sauerteig selbst wirkt, und er wirkt im Geheimen.

Das ist zuallererst einmal ein *Zuspruch:* Du musst nicht. Du bist nicht verantwortlich. Du bist nicht schuld daran, wenn die Welt noch immer auf das Reich Gottes wartet. Im Gegenteil: Hab Mut, wenn du an deiner Unzulänglichkeit verzweifelst, denn das Reich Gottes ist stärker. Sorge dich nicht, wenn du feindselige Mächte am Werk siehst und die Kirche wankt oder gar weichen muss: Das Reich Gottes wird sich durchsetzen! Hab Geduld, wenn du schon lange wartest und trotzdem noch immer nichts siehst: Gott ist am Werk, und es geht um nichts Geringeres als um alles! Lass dir dies gesagt sein, wenn du an der Ungerechtigkeit, der Raffgier und der Ausbeutung dieser Welt erstickst: Die Revolution ist bereits im Gange, tief unten im Gebälk rumort es, und eines Tages wird Gerechtigkeit herrschen, die diesen Namen verdient hat. So ist es, unaufhaltsam und unwiderruflich! Lass dich von der Hoffnung und dem Enthusiasmus des Gleichnisses Jesu anstecken! Lass sie dir gesagt sein. Lass diese Worte wirken in deiner Seele, so wie der Sauerteig im Mehl wirkt.

Und lass auch das Reich Gottes wirken. Das ist das Zweite, die *Frage:* Das Reich Gottes ist der Sauerteig, der auch an dir arbeiten will. Wie sauer bist du? Ein fades Fladenbrötchen, das manchmal in die Kirche geht, etwas an Jesus glaubt, vielleicht sogar zuweilen kurz in der Bibel liest? Aber kiloweise Mehl ist nicht durchsäuert: In Bedrängnis hast du Angst, in der Welt keine Perspektive, in der Politik wählst du konservativ, damit alles so bleibt, wie es immer war, und wenn der Pfarrer solche Predigten hält, denkst du dir, der soll doch gefälligst den Schnabel halten. Wie sauer bist du? Oder einfach gefragt: Ist Jesus das Wichtigste in deinem Leben? Christsein heisst, Jesus ist die Hauptsache. Schaue den Teig deines Lebens an: Wie sehr ist er durchsäuert? Geld, Gedanken, Taten, Hoffnung, Politik, Wahrhaftigkeit, Arbeit und Pflichten: Ist der Säuregrad auf Jesusniveau? Das Reich Gottes will ja auch dich als Bürger*in, lässt du das zu? Es geht nicht darum, was du tust, sondern, was aus dir wird. Du kannst fade, hoffnungslos, unversöhnt, langweilig und schuldbeladen bleiben. Aber ganz im Ernst: Wer will das schon? Drum: Wie sauer bist du?

Und dann, das dritte: Nehmen wir an, du bist richtig jesussauer – was dann? Wie geht es dann weiter? Sollen wir dann der Welt das Reich Gottes einprägen, einpredigen, einprügeln? Wenn wir Versuche solcher Art durch die Jahrhunderte anschauen, dann finden wir selten bis nie gelungene Beispiele. Die Frau knetet ja auch nicht, sie legt den Sauerteig einfach ins Mehl. Das ist der *Anspruch:* Leg deinen Sauerteig ins Mehl der Welt! Nicht ins Schüsselchen, Deckel drauf und ab in den Kühlschrank, wo er ganz sicher nichts bewirken wird. Wir Methodistenchrist*innen sind zuweilen etwas arg bescheiden und zurückhaltend. Es geht noch immer nicht darum, was du tust, sondern was du bist, nämlich ein*e Christ*in, die ganz von Jesus durchdrungen ist und das konsequent, authentisch und ohne Furcht lebt. Indem sie bei einer Pause an der Arbeit, wenn das Gespräch auf die kommenden Abstimmungen kommt, einmal bemerkt, als Christin könne sie gar nicht anders als die Konzernverantwortungsinitiative anzunehmen. Oder indem sie bei den anderen Vorlagen ganz ernsthaft fragt, ob sie als gute Bürgerin, treue Parteisoldatin oder als durchsäuerte Christin abstimmt. Hätte Jesus die Kampfjets angenommen? Ist das eine böse Frage? Ich würde sagen: eine saure!

Sei getröstet und getrost: Das Reich Gottes kommt unaufhaltsam und sogar ohne dich. Lass es aber auch an dir seine Arbeit verrichten. Und dann leben als jemand, der/die von Jesus durchsäuert ist. Ohne grosses Aufsehen, ohne frommes Tamtam, aber dafür konsequent sauer.

Amen.

PS: Zum Schluss eine Geschichte, die das Gesagte bestätigt oder widerlegt, ich weiss es nicht, entscheide selbst. Es ist Freitag um 21.30 am Central vor einigen Jahren, ich warte auf das Tram, da spricht mich eine junge, drogensüchtige Frau um Geld an. Ich zögere, dann gebe ich ihr fünf Franken. Sie murmelt etwas und geht. Dann aber dreht sie sich um, Tränen in den Augen, umarmt mich, küsst mich und sagt: „Du bisch de liebscht Mensch vo allne!" Wir halten uns noch einen Moment, dann verschwindet sie in der Nacht. Und ich denke: Hat sich da ein Stück Reich Gottes ereignet? Subversiv, überraschend, anders, aber mit der ungeheuren Kraft der Liebe. Es ist mir klar, dass sie das Geld in Drogen investiert, die Hilfe ist nichts wert, aber diese Begegnung, diese Nähe, diese Leidenschaft. War das ein Stück Sauerteig? Und wenn ja: Für wen? Für sie oder für mich? Oder für dich, der/die du diese Geschichte jetzt liest?

Bettler, Anfänger und leere Flaschen
Jesu letzte Worte in Matthäus 28

16 Die elf Jünger gingen nach Galiläa auf den Berg, wohin Jesus sie befohlen hatte. 17 Und sie erblickten ihn und fielen auf die Knie, einige aber zweifelten. 18 Jesus trat auf sie zu und sprach zu ihnen: Mir ist alle Macht gegeben im Himmel und auf der Erde. 19 Geht und macht alle Völker zu Jüngern, tauft sie auf den Namen des Vaters und des Sohnes und des Heiligen Geistes. 20 Lehrt sie, alles zu halten, was ich euch geboten habe. Und siehe: Ich bin mit euch alle Tage bis ans Ende der Zeit.

Was für eine grossartige Offenbarung: Dort, wo alles begann, in Galiläa, geht alles weiter. Die Jünger wandern tagelang, bis sie endlich diesen Berg erklommen haben, und da steht er: Jesus, der Auferweckte, der Heiland, ihr Freund, den sie alle jämmerlich verlassen und verraten haben. Wie sehr wünschte ich mir, ich könnte diesen Berg hinaufsteigen, und oben wartet Jesus auf mich. Ich würde vor ihm in die Knie sinken, vor Freude und Scham weinen und ihn anbeten. Jesus jedoch will keine heulenden Selbstmitleider, er will Apostel und Missionare, und darum kommt er gleich zur Sache: *Alle Macht ist mir gegeben, und so sende ich euch aus, für meine Sache in der Welt einzustehen.* Es geht um alles: Alle Macht – alle Völker – alle Gebote – alle Zeit. Wer alle Macht hat, braucht auch keine halben Sachen zu machen. Der Herr der Welt und der Zeit schlägt ein neues Kapitel auf, das Reich Gottes soll sich auf der ganzen Welt ausbreiten, das Leben über den Tod triumphieren, die Liebe Gottes für die Menschen das einzige sein, was zählt. Was für ein grossartiges Ende einer Geschichte, das zugleich der Anfang einer ganz neuen ist!

Bis wir merken, an wen sich Jesu Worte richten: An die elf Jünger. Elf? Ja, einer fehlt. Judas hatte sich vielleicht am meisten von allen nach dem Reich Gottes gesehnt und Jesus verraten, damit dieser im Anblick der Soldaten endlich etwas tut und das Reich beginnen lässt. Wie hat er sich getäuscht, wie bitter seinen Verrat bereut, wie kläglich die Konsequenzen gezogen! Es sind nur noch elf. Und unter diesen elf zweifeln einige: Sie sehen Jesus vor sich und wollen nicht an Gespenster glauben oder an Wunschphantasien. Hatte Jesus nicht von seinem Tod und seiner Auferweckung gesprochen? Doch, aber offenbar genügt ihnen das noch nicht. Was für ein tragischer Haufen sind diese elf! Zwölf war eine Verheissung, elf sind ein Versagen. Team Jesus, das ist: Judas, der Verräter, er ist tot. Petrus, der notorische Grossschwätzer und Versager. Jakobus und Johannes, zwei Brüder, die überambitioniert immer die besten sein und direkt neben Jesu Thron sitzen wollen (vgl. Mt 20,20ff). Ein paar ungenannte Zweifler. Und ein paar Typen, die nie auch nur ein Wort gesagt haben: Thaddäus, Matthäus der Zöllner, Simon der Zelot. Alles in allem: Ein kläglicher Haufen, ein hoffnungsloses Fastdutzend, die letzten, die wir, hätten wir alle Macht der Welt, mit unserer Sache beauftragen würden. Oder mit anderen Worten: Eigentlich sind wir diese elf, und du kannst dir auswählen, wer du sein willst. Oder möchte jemand widersprechen und begründen, weshalb er oder sie ein besserer Jünger*in gewesen wäre oder ist?

Weshalb wählt Jesus sie? Weshalb wählt er uns? So wird es nie etwas werden mit der Weltrevolution, das ist von Anfang an klar, weder mit ihnen noch mit uns. Aber Jesus handelt immer so: Als er Petrus aus dem Boot aufs Wasser rief, musste er gewusst haben, dass jener versinken wird. Als er die Jünger aufforderte, die 5000 mit Brot und Fisch zu speisen, konnte er davon ausgehen, dass er nur fragende Blicke ernten würde – und eine Woche später, als schon wieder 4000 beisammen waren, folgt derselben Aufforderung dieselbe Reaktion. Oder die Bergpredigt: Hat Jesus wirklich angenommen, dass wir sie auch nur ansatzweise erfüllen könnten (oder wollten)?

Weshalb wählt Jesus diese Jünger, weshalb wählt er uns? Gilt denn nicht für uns alle, was schon Luther auf dem Totenbett mit letztem Atem hauchte: *Wir sind Bettler, das* *ist wahr.* Oder Anfänger. Oder Flaschen. Nicht in unserer Arbeit, dort geben wir unser Bestes, sind bewährte, angesehene und verlässliche Mitarbeiter*innen, dafür wurden wir ausgebildet, manche 25 Jahre lang, hier kann man uns kaum Vorwürfe machen. Petrus war sicher ein guter Fischer und Matthäus ein ordentlicher Zöllner. Aber wenn es über unseren Tellerrand hinaus geht, wenn es ernst wird und gross, um die Welt und Gottes Reich, dann tendieren wir zum Stammeln und Straucheln. Zu Recht: Einfacher ist es, Programme zu schreiben oder Predigten, Kinder zu unterrichten oder Patienten zu behandeln. Das Reich Gottes, wie es uns Matthäus zeigt, ist anspruchsvoll. *Dein Reich komme,* sagen wir gerne, am liebsten ohne unsere Mitarbeit, nicht weil wir faul wären, aber überfordert. Also doch Bettler. Anfänger. Flaschen.

Weshalb wählt Jesus jene und uns? Weil er weiss, dass sie und wir Anfänger sind, die wissen, wo sie Rat suchen müssen (bei Jesus). Dass wir Flaschen sind, die sich immer wieder auffüllen lassen (von Jesus). Und Bettler, die wissen, wen sie bitten müssen (Jesus). Als Anfänger, Flaschen und Bettler haben sie, haben wir viel zu erzählen von unseren Erfahrungen mit Jesus. Nicht unser Können zeichnet uns aus: Petrus wird alleine nie übers Wasser gehen können, aber mit Jesus gelingen ihm zumindest ein paar Schritte. Aber wir wissen, wo wir Hilfe holen müssen. Wer bittet, dem wird gegeben (Mt 7,7ff). Das zeichnet sie aus, das wissen sie, das können sie. Von sich absehen, nicht auf eigene Möglichkeiten vertrauen, sondern auf Jesus allein. Das Team Jesus weiss, wer der Leader ist, und ihm folgt es. Das können sie, das macht sie aus, und das macht auch uns aus. Mehr braucht es nicht, aber das braucht es.

Es ist immer so bei Jesus: Es geht um alles! Die Ansprüche sind riesig, es geht um nichts weniger als um die Weltrevolution, darum, das Gefüge dieser Welt aus den Angeln zu heben und sie auf den Kopf zu stellen. Und dafür wählt er uns, weil er uns zumutet, dass wir vertrauen können, bitten, uns füllen lassen. Vielleicht ist das sogar die grösste Herausforderung: Sich als Bettler zu erkennen, sich die Leere der eigenen Flasche einzugestehen, seinen permanenten Anfängerstatus zu akzeptieren. Und dann mit diesen schon wieder so leeren Hände zu Jesus kommen, seine Zweifel überwinden, in die Knie sinken und bitten: *Hilf mir, die Arbeit ist mir zu gross, die Last zu schwer.* Das ist die wahre Herausforderung. Aber wer sucht, wird finden. *Denn ich bin mit euch bis ans Ende der Zeit.*

Drei kurze Hinweise zum Schluss: 1. Willst du an Gottes Weltrevolution teilhaben und dich für sie einsetzen, und zwar nicht nur im Tagebuch und nicht nur mit dem Stirnlappen, sondern mit Hand und Fuss und Schweiss und Tränen und Hoffnung, die niemand zerstören kann? Die Frage ist einfach, und die Antwort kommt uns idR. schnell über die Lippen. Aber bitte vergiss nicht: Es ist Jesus ernst, und wer es mit dem Reich Gottes nicht ernst meint, der gleicht jemandem, der pflügt und dabei nach hinten schaut. Sich für sein Reich einzusetzen heisst immer auch, dass zuerst das eigene Leben anders wird oder werden muss.

2. Es ernst zu nehmen mit dem Reich Gottes heisst dann und immer zuerst, jeden Tag neu auf die Knie zu gehen und Jesus um Hilfe und Segen zu bitten. Auf den Knien, nicht im Tram, nicht beim Zähneputzen. Aber nicht, weil Jesus dich auf den Knien sehen will, sondern weil wir erst auf den Knien wirklich ernsthaft beten. Das kann man metaphorisch oder wörtlich verstehen. Ich ziehe wörtlich vor.

3. Und dann wird alles gut. Gerne würde ich dir das versprechen, aber es wäre nicht wahr. Immer wieder werden wir beim Bau an Gottes Reich auch im Wasser versinken, den Hungernden kein Brot geben können und über die ausbleibenden Erfolge enttäuscht sein. Jesus verheisst uns nicht, dass immer alles klappt. Aber er verspricht, immer mit uns zu sein. Und das ist der einzige und zugleich der beste Grund, es immer wieder zu versuchen. Nicht aufzugeben. Wir sind Bettler, das ist wahr. Aber Jesus füllt uns die Hände, immer wieder. Und das, allein das macht es aus.

Amen.

Die Spiritualität des Kochlöffels
Vom Krankenbett in die Küche in Markus 1

29 Nachdem er die Synagoge verlassen hatte, ging Jesus zusammen mit Jakobus und Johannes in das Haus von Simon und Andreas. 30 Die Schwiegermutter von Simon jedoch lag mit hohem Fieber im Bett, und sie erzählten ihm sofort von ihr. 31 Er ging zu ihr, ergriff ihre Hand und richtete sie auf. Das Fieber verliess sie, und sie diente ihnen.

Eine kurze und unbedeutende Geschichte, so unspektakulär, dass man sich gerne wichtigeren Texten zuwendet. Und trotzdem seit langem eine meiner Lieblingsgeschichten, zu der ich im Laufe der Jahre so viele Ideen gesammelt habe, dass ich gerne ein paar Stunden sprechen möchte. Heute in aller Kürze etwas über die Geschichte, die Dynamik, die Theologie und zum Schluss über uns selbst.

1. Die Geschichte: In Kapernaum am See Genezareth gibt es eine archäologische Ausgrabungsstätte, die «das Haus des Petrus» heisst, und sie zeigt ein paar Grundmauern eines Fischerhauses, das schon seit Ende des ersten Jahrhunderts nC. als Kirche genutzt worden ist. Es könnte also durchaus sein, dass es sich dabei wirklich um das Haus von Petrus handelt, den Ort also, an dem unsere Geschichte spielt. Sie ereignet sich ein paar Tage nach der Berufung jener vier Jünger, von denen wir hier hören. Lange hatte ich angenommen, dass sie alles zurücklassen und sogleich mit Jesus wegziehen. Offenbar aber bleiben sie ein paar Tage oder vielleicht sogar Wochen in Kapernaum, und das Haus von Petrus wird ihnen als Ausgangsbasis und Rückzugsort gedient haben. Wie oft lebt auch hier die ganze Familie zusammen, und weil die Frau von Petrus ausser Hause zu sein scheint, ist die verwitwete Schwiegermutter ganz allein, als plötzlich starkes Fieber über sie kommt – woher und wieso wird nicht erwähnt, von Bedeutung ist allein die Gefahr, in der die alte Frau schwebt. In einer Welt ohne

medizinische Versorgung kann ein solches Fieber jederzeit den Tod bedeuten. Eine kleine, isolierte Geschichte, für die Welt ohne Bedeutung, für Petrus und seine Familie aber existentiell. Und wenn wir wie hier Namen und Orte so klar überliefert haben, dann ist davon auszugehen, dass wir auch gleich die Überlieferungsträgerin der Geschichte kennen: Wer sonst als die Schwiegermutter selbst hätte die Geschichte ihrer wunderbaren Rettung weitererzählen sollen, immer und immer wieder, bis sie schliesslich bei Markus gelandet ist und aufgeschrieben wurde. Und wir werden 2000 Jahre später Zeugen nicht nur des wunderbar Grossen, sondern auch dessen, was Jesus macht, wenn er Hunger hat oder müde ist und sich nach Hause zurückzieht.

2. Die Dynamik: Eben noch war Jesus in der Synagoge und lehrte, bis der böse Geist eines Besessenen ihn unterbricht und anschreit. Jesus treibt ihn aus, die Leute sind begeistert, und sein Ruhm breitet sich in Windeseile aus. Jetzt aber ist er nur von seinen engsten Freunden begleitet, zieht sich zurück und meidet die Öffentlichkeit. Auch für ihn ist Lehren und Heilen in der Öffentlichkeit Arbeit, die anstrengend ist und von der er manchmal genug hat. Trotzdem wird er sofort wieder benötigt, die Schwiegermutter von Petrus liegt im Sterben *(sie brannte* heisst es im Urtext). Selbstverständlich reagiert er, jetzt aber ohne Worte, ganz im Verborgenen, und dies, obwohl die Pflege von Frauen eigentlich strikt den Frauen aufgetragen ist. Er geht zu ihr, wahrscheinlich kennt er sie schon, berührt und heilt sie. Wieder bleiben wie und womit verborgen, auch der Frau, vielleicht sogar für Jesus, wichtig ist nur: Sie ist geheilt. Sie steht auf und kocht für die Männer, wie sie es sich gewohnt ist. Aus einer ganz Passiven, beinahe Toten wird eine ganz Aktive, während Jesus zur Ruhe kommt und nun seinerseits passiv werden kann.

Doch noch ein Wort zur Heilung: Wie stellst du dir diese Berührung vor? Die Frau liegt, wie es üblich war in einfachen Häusern, auf einer dünnen Matte auf dem Boden. Nimmt nun Jesus ihre Hand und stellt sie auf, wie Fussballer ihre Gegner aufziehen, die sie eben gefoult haben? Wohl kaum: Es wäre respektlos und auch gefährlich, sie so grob emporzureissen. Ich stelle mir vor, dass Jesus zu ihr niederkniet, mit der einen Hand die ihre nimmt und sie mit der anderen sorgsam im Rücken stützt und aufrichtet. Ganz nah, fast schon intim, ohne Worte, und doch wirkungsvoll. Irgendwo in dieser kurzen Begegnung ist das Wesentliche passiert, und wir können nur darüber rätseln – oder staunen.

3. Die Theologie: Mit dieser verborgenen Heilung und mit der öffentlichen kurz vorher zeigt Jesus, was es bedeutet, wenn das Reich Gottes nahe kommt: Menschen finden zu sich selbst zurück, das bedrängende und lebensverneinende Böse muss weichen, Gemeinschaft über alle Hürden hinweg wird möglich. In nuce erzählt Markus hier, wozu Jesus gekommen ist. Aber nicht nur das: Sein Niederknien und ihre Aufrichtung, diese beiden gegenläufigen Bewegungen, sind ein symbolischer Hinweis auf das, was kommen wird: Jesus erniedrigt sich bis ganz nach unten, damit die Menschen erhöht werden. Er nimmt ihre Krankheit, ihre Last, ihre Sünde auf sich, damit sie frei leben können. Jesus kommt nicht bloss zum Heilen und Lehren, er kommt auch zum Sterben, zum Sterben für die anderen. Er streckt seine Hand aus nach den Menschen, damit sie ergriffen werde und Leben bringe.

Und schliesslich weist diese Geschichte darauf hin, wie dieses neue Leben gelebt werden soll: Die Kraft der Auferstehung führt die Frau an den Herd. Man könnte einwenden, dies sei ein rückständiges Frauenbild und zementiere längst überholte Rollenbilder. Aber das wäre etwas kurzsichtig, denn die Schwiegermutter wird nicht an den Herd verbannt, sondern geht freiwillig, weil es das ist, was sie kann und wofür sie lebt. Am Boden liegend war sie zur Untätigkeit verdammt, sie konnte weder den Erwartungen der Gesellschaft genügen (und wahrscheinlich auch nicht ihren eigenen), noch war es ihr möglich, die heilige Gastfreundschaft zu pflegen. Jetzt aber hat sie ihr Leben zurückerhalten, es ist ihr wieder möglich, das zu tun, was sie tun will. Jesus knechtet sie nicht, sondern befreit sie zu dem, was sie gerne wieder sein möchte. Das heisst nicht, dass alle Frauen an den Herd gehören, es heisst vielmehr, dass Auferstehung uns das zurückgibt oder uns zu dem befähigt, wonach wir uns sehnen. Auferstehung ist Befreiung zum Dienst: Aus der Begegnung mit Jesus werde ich befähigt, von mir selbst abzusehen, weil ich heil und ganz geworden bin. Und auf die zu blicken, die es noch nicht sind und meine Hilfe brauchen. Nachfolge ist Befähigung zur Diakonie – und nicht Befehl zum Dienst. Dazu ist Jesus gekommen, dazu ist er gestorben, dazu ist er auferstanden: Um uns zu begegnen, zu heilen, ganz zu machen, damit wir nun unsererseits Menschen begegnen. Vielleicht nicht immer heilend, aber sicher immer dienend.

4. Die Spiritualität – was es mit uns zu tun hat. Mich spricht die *Bewegung* Jesu zur Schwiegermutter herab an, auch die Berührung und die Nähe zwischen ihnen. Ich merke, wie sich Sehnsucht in mir ausbreitet. Nicht, dass ich krank wäre oder dem Tod geweiht, aber ich erkenne Orte in meiner Seele, die sich nach einer solchen Berührung und Heilung sehnen. Ich nehme an, du wirst verstehen, was ich mit dieser Sehnsucht meine. Welche Orte sind es, was ist der Grund für diese Sehnsucht? Innere Leere, fehlender Sinn, mangelnde Perspektive? Schuld und Sünde, die nie an die Oberfläche kommen durften? Angst und Mutlosigkeit, mangelndes Vertrauen? Was ist sie, diese innere Sehnsucht? Und wie kommt sie mit Jesus in Berührung? Gehst du selbst zu ihm, oder braucht es wie bei der Schwiegermutter Menschen, die Jesus zu dir führen, weil du so geschwächt am Boden liegst? Was ist es, und wie kommt es zu Jesus?

Und mich berührt diese *Heilung,* weil sie einen ganzheitlichen Ansatz hat: Die Frau wird nicht nur geheilt, sie wird gerettet, sie darf ihr altes Leben wieder aufnehmen, sie darf wieder kochen, gastfreundlich sein, den Ihren und auch dem Herrn Freude bereiten. Sie wird, wer sie war – mehr noch: Sie wird nicht zur Heiligen, Sündlosen, aber sie wird zu der, als die sie gedacht war. Dienen, dem Herrn dienen, das ist ihre Sache. Vielleicht ist das Kochen nicht deine

112

Sache. Was ist es denn? Was ist deine äussere Sehnsucht, was ist das, was du eigentlich bist, wozu du geschaffen wurdest? Jesus will dich nicht nur oberflächlich heilen, er will dich nachhaltig bewegen. Wohin? Wozu? Und lässt du dir das auch gefallen?

Und mich erstaunt die *Selbstverständlichkeit,* mit der die Frau ihr altes Leben und damit den dienenden Kochlöffel in die Hände nimmt. Ohne Worte, ohne Zögern. Ihr Verhalten ist die Geburtsstunde der christlichen Diakonie. Berührt vom Herrn, geheilt und befreit von Jesus hat sie kein anderes Verlangen, als ihm nun ihrerseits zu dienen. Diakonie ist nie Müssen, sondern immer Können. Das tun, wozu man begabt und befreit worden ist. Sind meine Predigten Diakonie? Ich glaube, das ist mein Beruf, ich werde dafür ja auch bezahlt. Meine Diakonie ist eher das Servieren und Abtrocknen in unserer Gassenküche. Ich bin mir fast sicher, dass man mich dort mehr braucht als hier. Was ich damit sagen will: Diakonie ist auch, aber nicht immer das, was du am besten kannst, sondern das, wozu es dich am meisten braucht. Diakonie ereignet sich auf Augenhöhe: Jesus kniet sich nieder, und die Frau begegnet ihm am Tisch mit der Suppenschüssel. Diakonie auf Augenhöhe: Das heisst aber, dass Menschen wie wir oder zumindest wie die meisten von uns sich nach unten orientieren müssen, denn die Augen der Hungernden und Dürstenden warten dort auf uns. Wie Jesus: Von ganz oben nach ganz unten. Und dies mit derselben Selbstverständlichkeit, mit der die Frau den Kochlöffel in die Hand nimmt. Das ist ihr spirituelles Vermächtnis an uns.

Amen.

Gott kommt in Windeln
Der Anfang von Jesus in Lukas 2

1 Es geschah aber in jenen Tagen, dass ein Erlass ausging vom Kaiser Augustus, alle Welt solle sich in Steuerlisten eintragen lassen. 2 Dies war die erste Erhebung; sie fand statt, als Quirinius Statthalter in Syrien war. 3 Und alle machten sich auf den Weg, um sich eintragen zu lassen, jeder in seine Heimatstadt. 4 Auch Josef ging von Galiläa aus der Stadt Nazaret hinauf nach Judäa in die Stadt Davids, die Betlehem heisst, weil er aus dem Haus und Geschlecht Davids war, 5 um sich eintragen zu lassen mit Maria, seiner Verlobten, die war schwanger. 6 Und es geschah, während sie dort waren, dass die Zeit kam, da sie gebären sollte. 7 Und sie gebar ihren ersten Sohn und wickelte ihn in Windeln und legte ihn in eine Futterkrippe, denn in der Herberge war kein Platz für sie.

Wer sich mit Weihnachtstraditionen auch ausserhalb des eigenen Horizontes beschäftigt, wird bald merken, dass nach orthodoxer Tradition Jesus nicht in einem Stall, sondern in einer Höhle geboren wurde. Fast 50 Jahre lang fand ich das absurd, denn die Schrift sagt eindeutig, dass Jesus in einem Stall zur Welt kam. Nun gut, das sagt sie nicht, aber Maria legte das Kind in einen Futtertrog, und der steht nun mal in einem Stall. Und dann kam 2019 und die Reise nach Bethlehem, wo wir ein palästinisches Haus besuchten, das als Museum die Lebenswelt von früher zeigt. Die äusserst eloquente Führerin, die in diesem Haus aufgewachsen ist, führte uns durch die Räume, in den Innenhof und von dort in den Keller. «Und in einer Höhle wie dieser», erklärte sie, «wurde Jesus geboren». Und siehe, es dämmerte mir: Der geologische Untergrund von Bethlehem ist kalkhaltig, so dass unterirdische Wasserströme Kavernen hineinfressen, also kleine Höhlen. Die Bürger von Bethlehem nützen dieses natürliche Phänomen und bauen ihre Häuser über diesen Kavernen, so dass sie über einen natürlichen Keller verfügen. Und in diesem Keller hielten sie ihre Tiere: Der Stall ist eine Höhle ist ein Keller. Eine Kellerstallhöhle. Und die beiden Traditionen sind friedlich vereint.

Aber die Frage, weshalb niemand der Hochschwangeren ein Zimmer geben konnte, treibt mich noch immer um. Sicher, im Stall hatte sie ihre Ruhe, aber dort ist es auch kalt, feucht, voller Tiere und deren Ausscheidungen. Ideale hygienische und psychische Voraussetzungen für eine Erstgeburt. Wenn das Wirtshaus kein Zimmer frei hat, dann hat doch der Wirt ein eigenes Zimmer, das er für ein paar Tage abgeben könnte, oder der Bäcker oder der Metzger. Es scheint mir keine Frage des Könnens zu sein, sondern des Wollens. Wir kommen am Ende nochmals darauf zurück.

Nach der Geburt wickelt Maria ihr Kind in Windeln und legt es ins Heu in den Futtertrog, der in diesen Höhlenställen meist an der Wand hängt. Maria hat Humor: Wo vorher der Esel sein Maul füllte, da liegt jetzt der Sohn. Ob das auch den Esel erfreut hat? Weshalb aber wird erzählt, dass sie Jesus gewickelt hat? Dieses Wort kommt im ganzen Neuen Testament nur hier vor, und fast nie wird über Kleidung gesprochen, geschweige denn über Unterwäsche. Und auch die anderen Details der Geburt wie die Schmerzen, der Blutverlust oder die Nabelschnur finden – wie zu erwarten – keine Erwähnung. Aber die Windeln schon. Noch die Engel bei den Hirten verkünden das Kind in Windeln gewickelt. Weshalb? Was ist so aussergewöhnlich daran, dass es erzählt wird? Würde irgendeine Mutter ihr Neugeborenes *nicht* in Windeln wickeln, sondern es *nackt* ins Tierfutter legen? Und was interessiert mich die Verdauung und der anschliessende, unumgängliche Stuhlgang des Sohnes Gottes? Und doch wird es erzählt.

Der König in Windeln ist das Thema der Weihnachtsgeschichte bei Lukas. Bei Matthäus ist es ganz anders: König Herodes tritt auf, die Astronomen aus dem Morgenland, der Stern weist den Weg. Wir erleben eine ungewöhnliche, aber dem Neugeborenen würdige und imposante Geburtsgeschichte, die nur ein paar Kapitel weiter in die grossartigste Rede der Weltgeschichte mündet, die Bergpredigt. Hier bei Lukas jedoch schlichter Alltag mit den obligaten Improvisationen ärmlicher Verhältnisse. Und mit der alten Weisheit, dass, wer Kinder hat, diese wickeln muss. Gott trinkt, schreit, schläft, scheidet aus, lächelt. Gott in der Niedrigkeit des Weltenalltags. Dazu passt, dass Hirten informiert werden und nicht der Bürgermeister. Es folgen Beschneidung und Darstellung im Tempel, wie es sich gehört, alle jüdischen Familien machen das so, und dann hören wir nichts mehr vom Sohn Gottes – einmal taucht er kurz mit zwölf Jahren im Tempel auf –, bis er dreissig ist und sich im Jordan taufen lässt.

Der Gott, der in Windeln sein Erdenleben beginnt, will nicht sein *wie* ein Mensch, er will *ganz* Mensch sein. Er wird und ist und bleibt einer von uns. Und wenn du das Gefühl hast, Gott sei weit weg und habe von deinen Problemen und Nöten und Kämpfen keine Ahnung, weil er schmerzfrei und alterslos droben auf den Wolken sitzt, dann denk an den Gott in Windeln. «Gott hat keine Ahnung, was es heisst, Mensch und begrenzt und erfolglos zu sein» – doch, hat er. «Gott weiss nicht, wie sich Liebeskummer anfühlt und was es bedeutet, den liebsten Menschen in einem Unfall zu verlieren» – doch, weiss er. «Gott müsste auch mal mit Hunger, Leid und Tod konfrontiert werden, damit er nachvollziehen kann, wie es sich in meiner Haut anfühlt» – doch, kann er. Darum spricht Lukas von den Windeln: Nichts von dem, was uns umtreibt, ist Gott verborgen oder unbekannt oder gleichgültig. Gar nichts.

Der Gott, der in Windeln sein Erdenleben beginnt, wird unbedeutend und zieht sich 30 Jahre aus der Öffentlichkeit zurück, weil das Bedeutsame des Lebens im kleinen Kreis der Familie und Freunde geschieht. Und wenn du denkst, dass Gott alle sieht ausser dich, dann schau auf die Windeln und lass dir gesagt sein, dass dieser Gott seine Familie und Freunde kennt und zu ihnen steht. Auch du gehörst dazu, denn wer nach Jesus fragt, wer voller Zweifel zu ihm betet, wer ihn skeptisch sucht und am Ende seines Lateins quasi als letzte Hoffnung zu ihm flüstert oder schreit, der und die sind seine Kinder, seine Brüder, seine Schwestern.

Und der Gott, der in Windeln sein Erdenleben beginnt, lässt sich wickeln und muss gewickelt werden. Gott braucht dich und deine Pflege. Gott braucht deine Zeit. Glaube braucht Pflege und Sorge. Und wenn du denkst, es sei egal, ob du glaubst oder in die Kirche gehst, dann denk an den Gott in Windeln: Gott braucht auch deine Pflege und Für–sorge. Die Gottesbeziehung ist gegenseitig, du kannst Gott nicht ein lebenlang ignorieren und am Schluss so tun, als ob ihr schon immer dickste Freunde gewesen wärt.

Das ist der Advent, der über den 24.12. hinaus reicht: Gott wird Mensch, Familienmensch, und will gewickelt werden. Am Ende des Evangeliums steht die Geschichte von Emmaus, als Jesus nach der Auferstehung stundenlang mit seinen Jüngern unterwegs ist, und sie erkennen ihn nicht. Er spricht mit ihnen, er tröstet sie, er geht ihren Weg des Schmerzes mit ihnen. Und er offenbart sich ihnen, und ihre Herzen brennen vor Feuer. Mit Windeln fängt es an, mit dem Weg, den Jesus mit uns allen immer und überall teilt, hört es auf. Das ist Advent, das ist Weihnacht.

Jetzt aber doch noch einmal zurück zur Stallhöhle und der Frage, weshalb niemand der Hochschwangeren sein Zimmer überlassen wollte. Würdest du? Einer schwangeren Frau, kaum 18? So eine Geburt ist eine schwierige, oft laute und sicher blutige Sache, und das alles in deinem Zimmer. Kein Wunder, haben sie nur einen Kellerstall gefunden. An Weihnachten feiern wir diese Stallgeburt, und wir schenken gerne, am liebsten unseren Liebsten, und wir geben in die Kollekte, gerne auch reichlich, damit es auch den Armen gut gehen möge. Und wir bleiben doch wie die Metzger und Bäcker weiland in Bethlehem, die das geben, was zwar etwas kostet, aber nicht schmerzt und auch nicht stört.

Was gibst du an Weihnachten, damit Gott nicht schon wieder im Futtertrog schlafen muss, damit niemand alleine Weihnachten feiert, damit niemand in der Klinik oder im Spital ohne Besuch bleibt, damit niemand gerne gut kochen würde, es sich aber schlichtweg nicht leisten kann? Windeln wickeln ist keine erbauliche Arbeit. Aber Gott kommt nun mal in Windeln zu uns an Weihnachten. Amen.

Denn wir wissen, was wir tun
Das Ende von Jesus in Lukas 23

Vater, vergib ihnen, denn sie wissen nicht, was sie tun.

Das sind die Worte Jesu, als sie ihn ans Kreuz geschlagen haben. Noch im Tod bittet er um Vergebung für die, deren Schuld niemand vergeben kann – ausser dem, der sie erleidet. Was für ein grosszügiger Gekreuzigter. Und was für eine Vorgabe für uns alle, wenn wir unseren Schuldigern gegenüberstehen.

Diese Haltung ist typisch für das Lukasevangelium. Jesus ist der Gerechte, der auch im Leiden rettet, der Heiland, der gerne vergibt. Wenn die Jünger in Gethsemane schlafen, schilt er sie nicht, sondern versteht, dass sie vor Kummer einschlafen, und als Petrus dem Soldaten kurz darauf ein Ohr abhaut, heilt Jesus den Verwundeten. Und selbst dem verurteilten Verbrecher am Kreuz neben ihm verheisst er das Paradies. Jesus, der leidende Gerechte, der rettende Heiland. Entsprechend wird der Tod Jesu bei Lukas kaum theologisch interpretiert, wichtige Stellen aus Markus lässt er weg (zB. Mk 10,45). Wichtig ist nicht der Tod, wie bei Paulus, wichtig ist, dass der Tod nicht das Ende ist. Die Geschichte Gottes mit den Menschen lässt sich auch durch die Kreuzigung nicht aufhalten, nichts kann die Liebe Jesu für die Menschen stoppen. Jesus geht den verzweifelten Jüngern nach bis Emmaus, und der zweite Band des Evangeliums, die Apostelgeschichte, erzählt nichts anderes als die Fortsetzung dieser Jesusgeschichte bis in die imperiale Hauptstadt. Nichts kann die Liebe Jesu aufhalten – der Blick ist nach vorne gerichtet, der Fokus zielt auf das Leben, auf die Mission im Zeichen des Heiligen Geistes.

Vergib ihnen, denn sie wissen nicht, was sie tun. Das ist eine sehr lebensbejahende Interpretation der Jesusgeschichte, und sie entspricht der Dynamik, die Jesus in die Welt gebracht hat: Freude und Zuversicht, das Reich Gottes, in dem auch Zöllner, Prostituierte und Sünder wie wir Platz haben. Bei Paulus wirkt alles oft ernst und tiefgründig, bei Markus ungewiss und traurig, bei Matthäus streng und herausfordernd. Lukas aber zeigt uns einen milden, freundlichen, grosszügigen, unaufhaltsamen Heiland, der das Verlorene sucht und dem Gebrochenen aufhilft. Der uns versteht, wenn wir Dinge tun, die abscheulich sind, und wir wissen selbst nicht, weshalb. Ich habe so oft über den ernsten, nachhaltigen, tiefgründigen, abgründigen, gewissenhaften, unverfügbaren und unbegreiflichen Jesus gepredigt, dass mir eine solche Perspektive fast schon suspekt ist. Kann es wirklich sein, dass mich jemand bedingungslos liebt und nichts weiter will, als mich mit seinem guten Geist zu erfüllen, so dass ich die Frohe Botschaft weitererzähle? Kann es sein, dass meine Schuld weniger wichtig ist als die neue Perspektive nach vorn ins Leben? Ist Lukas ein Schönfärber – oder Paulus ein Schwerenöter?

Vergib ihnen, denn sie wissen nicht, was sie tun. Wie willst und kannst du diesen Vers verstehen? Ist diese Perspektive nach vorne auch deine Blickrichtung? Kannst du es aushalten, wenn der Blick zurück auf Schuld und Sünde wirklich nicht (mehr) so wichtig ist? Und wenn du nach vorne blickst: Was siehst du? Den Heiland an deiner Seite? Lauter Fragezeichen? Gar nichts, weil du vor Angst die Augen verschlossen hältst?

Die Perspektive nach vorne passt zur Zeit, in der wir gerade stehen: Die Fastenzeit. Wie Lukas, so schaut auch das Fasten nach vorne. Fasten ist nicht primär eine Busse für begangene Sünden, sondern eine Vorbereitung auf das Kommende. Soldaten fasten vor der Schlacht, Priester vor dem Dienst im Tempel, und Jesus fastet 40 Tage, um sich mit seiner Aufgabe auseinanderzusetzen. Er wird versucht und muss sich den Fragen seines Lebens stellen. Aber am Ende weiss er, wer er ist und wohin der Weg geht. Und mit grosser Wucht nimmt seine Bewegung Fahrt auf.

Weil Gott uns nicht aufgibt, wie Lukas lehrt, können wir, zumindest zeitweise, etwas abgeben. Die Bibel kennt verschiedene Formen des Fastens: Keine Nahrung, sexuelle Abstinenz, keine Körperpflege (zB. die Haare nicht schneiden) uam. Fasten ist Ausrichtung auf die Zukunft und hat ein Ziel. Jesus erhält bei der Taufe eine Zusage, und darum kann er sein Leben reduzieren mit dem Ziel, seine Fragen klären. Und nach 40 Tagen hat er die Antworten gefunden.

Was könnte uns passieren beim Fasten? 1. Wir werden durch Verzicht befreit von der Überfülle unseres Lebens. Es ist zwar nicht so, dass wir alles hätten, was wir brauchen, aber es ist sicher so, dass wir zu viel haben von dem, was wir sicher nicht brauchen. 40 Tage ohne Internet oder Zeitung leert unser Leben auf eine wohltuende Art. 2. Und dann, wenn es leer wird, wird deutlich, was wir wirklich brauchen und was wir wirklich nicht brauchen. 3. Wenn ich mir klar werde über meine Bedürfnisse, dann wird mir auch bewusst, wie viel ich habe und in welchem Reichtum ich lebe. Und dies selbst dann, wenn ich gar nicht viel Geld habe. Erst die Reduktion zeigt mir die eigentliche Fülle auf und macht mich dankbar. 4. Und die Dankbarkeit führt mich zu dem, der alles gibt. Sie macht bereit für das, was er gibt: ewiges, echtes Leben. Wir fasten nicht ziellos, sondern auf den Ostersonntag hin. 5. So wächst die Freude auf das, was kommt: Auf den ersten Kaffee, den Osterkuchen, das neue Leben.

All dies, Klärung und Dankbarkeit und Freude, hat ihren Preis, und das ist die Reduktion. Wer sich schon im März mit Schokolade und Osterkuchen vollstopft, darf sich nicht wundern, wenn er am Ostersonntag den Appetit verloren hat. Ich freue mich sehr auf die Fastenzeit dieses Jahr, obwohl ich genau weiss, dass ich leiden werde. Aber erst, wenn ich reduziere, entdecke ich die Fülle, in der ich lebe.

Der grosszügige Gekreuzigte, der mich nicht aufgibt, die Fastenzeit, die mich die Fülle in meiner Völle erkennen lässt, das Geschenk des neuen Lebens an Ostern: Das sind gute Aussichten! Aber jetzt wird mir diese Predigt zu harmlos. Ich habe das Lukasevangelium im Nachdenken über diese Fragen sehr schätzen gelernt mit seiner lebens-freundlichen Perspektive. Ich brauche solche Vergebung. Ist mir damit geholfen? Ja, auf jeden Fall. Ändere ich darum mein Leben? Eher nicht, der Leidensdruck bleibt zu gering. Wenn du jetzt keine Fasten- und Busspredigt hören willst, dann höre nicht mehr zu, und das ist in Ordnung. Aber wenn es dir geht wie mir, dann sage ich Folgendes, ohne auch nur ein Wort von dem zurückzunehmen, was ich vorher gesagt habe: Die Sünden unserer Vergangenheit lasten schwer auf unseren Schultern. Tausende Ertrunkener im Mittelmeer, Ozeane voller Plastik, verseuchtes Grundwasser, extrem bedrohte Artenvielfalt, moderne Sklavenarbeit in China, politische Unterdrückung durch Populisten, die unsere Demokratie zerstören wollen (ich nenne Namen: Salvini, Trump, Xi, Johnson, Erdogan, AfD und der ganze rechtnationale Sumpf bei uns). Du kannst nicht am Ostersonntag auf den Herrn warten und im Flugzeug nach Ibiza sitzen, wo du ein Powerweekend verbringst. Du kannst nicht grünliberal wählen und mit deinem Auto deine Grossmutter besuchen gehen. Du kannst nicht gegen all den Plastik wettern und schon wieder ein neues Handy, Fernsehgerät oder Sommerkleidchen kaufen. *Herr, vergib uns nicht, denn wir wissen, was wir tun!*

Ein harter Vorwurf – aber ist er falsch? Wissen wir denn wirklich nicht, was wir tun? Natürlich wissen wir es! Aber es ist uns egal, wir haben uns daran gewöhnt, und man kann in der kleinen Schweiz ja sowieso nichts machen. Und darum wirft uns Jesus die Tische um die Ohren und schreit: *Wer, wenn nicht ihr! Wann, wenn nicht jetzt?* Was wir wirklich brauchen, ist ein globales und zeitlich unbeschränktes Bussfasten zur Rettung der Schöpfung. Heute, mitten im Februar, ist es bereits 15 Grad warm – sind das noch immer natürliche Schwankungen? Und wieder fallen Tische! Zuerst müssen die Inder und die Chinesen, das sind die schlimmsten. Das mag sein – aber wer kann sich Verzicht leisten? Wer hat genau dafür Glauben, Liebe und Hoffnung im Herzen? Wer lebt, global besehen, seit Jahrzehnten im totalen Luxus? Nimm mich nicht zum Vorbild, ich fahre Auto und Motorrad. Nimm die Familie unserer Gemeinde als Beispiel, die nach einem Transatlantikflug mindestens sieben Jahre auf alle Flüge verzichtet und erst noch mit dem Velo zur Arbeit fährt.

Denn wir wissen, was wir tun. Das sind harte Worte, die wir verdauen müssen, ich als allererster. Aber ich nehme sie nicht zurück, und ich bin mir für einmal ziemlich sicher, dass ich im Namen Gottes spreche. *Denn wir wissen, was wir tun.*

Amen.

Werkzeug des Geistes
Pfingsten in Apostelgeschichte 2

1 Als nun die Zeit erfüllt und der Tag des Wochenfestes gekommen war, waren sie alle beisammen an einem Ort. 2 Da entstand auf einmal vom Himmel her ein Brausen, wie wenn ein heftiger Sturm daherfährt, und erfüllte das ganze Haus, in dem sie sassen; 3 und es erschienen ihnen Zungen wie von Feuer, die sich zerteilten, und auf jeden von ihnen liess eine sich nieder. 4 Und sie wurden alle erfüllt von heiligem Geist und begannen, in fremden Sprachen zu reden, wie der Geist es ihnen eingab. 5 In Jerusalem aber wohnten Juden, fromme Männer aus allen Völkern unter dem Himmel. 6 Als nun jenes Tosen entstand, strömte die Menge zusammen, und sie waren verstört, denn jeder hörte sie in seiner Sprache reden. 7 Sie waren fassungslos und sagten völlig verwundert: Sind das nicht alles Galiläer, die da reden? 8 Wie kommt es, dass jeder von uns sie in seiner Muttersprache hört? 9 Parther und Meder und Elamiter, Bewohner von Mesopotamien, von Judäa und Kappadokien, von Pontus und der Provinz Asia, 10 von Phrygien und Pamphylien, von Ägypten und dem kyrenischen Libyen, und in der Stadt weilende Römer, 11 Juden und Proselyten, Kreter und Araber - wir alle hören sie in unseren Sprachen von den grossen Taten Gottes reden. 12 Sie waren fassungslos, und ratlos fragte einer den andern: Was soll das bedeuten? 13 Andere aber spotteten: Die sind voll süssen Weins.

Wo Gott nahekommt, da brennt es, manchmal sogar auf den Köpfen. Zehn Tage mussten die Jünger warten nach der Himmelfahrt Jesu, dann endlich kommt die Kraft vom Himmel, die Jesus verheissen hat. Schon Johannes der Täufer sagte, der Messias werde mit Geist und Feuer taufen, so wie es der Prophet Joel im Alten Testament vorausgesagt hat. Die Ausgiessung des Geistes an Pfingsten ist mehrfach angekündigt worden, und doch kommt sie überraschend. *Der Geist kommt, wann er will.*

Und er kommt als Feuer und Wind: Zwei Elemente, die man nicht horten kann oder besitzen, beide nimmt man wahr, beide bleiben aber unverfügbar. *Der Geist kommt, wie er will.* Und wer genau liest, wird erkennen, dass auch die Sprache an ihre Grenzen stösst: Wind *wie* ein Sturm, Zungen *wie* Feuer. Man kann die Phänomene sprachlich gar nicht genau fassen, man muss Vergleiche bemühen, um ihnen irgendwie gerecht zu werden. *Der Geist lässt sich nicht fassen und schon gar nicht einfangen.*

Die Jünger sitzen alle beisammen – aber das ist nicht das Werk des Geistes. Gemeinschaft ist christlicher Alltag, sie ist nichts Aussergewöhnliches. Das gehört dazu, das ist normal. Aussergewöhnlich ist es, wenn Christ*innen einer Gemeinde keine intensive Gemeinschaft miteinander pflegen und wenn Gemeinden sich voneinander abgrenzen. Das ist aussergewöhnlich – aussergewöhnlich unchristlich, und nicht bloss schade, sondern geradezu schlecht.

Obwohl alle zusammen sind, setzt sich die Flammenzunge des Geistes auf jeden einzeln. Der Geist ist der persönliche Gott, nicht nur eine allgemeine Kraft. Ein Blick noch auf die Feuerzungen: So schwer fassbar der Geist ist, er hat immer Auswirkungen, die sichtbar werden. Es ist also zu kurz gegriffen, wenn wir den Geist nur als individuellen Seelentröster verstehen, der unsichtbar in meinem Inneren arbeitet. Bei Lukas ist das sicher nicht so gemeint: Auch wenn der Geist nur selten so sichtbar und fast schon greifbar wird, die Folgen seines Wirkens sind es immer.

Und wo solche Dinge geschehen, bleiben sie nicht verborgen: Das ganze Haus dröhnt und rauscht und leuchtet, so dass die halbe Stadt zusammenläuft. Es waren ja auch viele Leute da: Das Wochenfest ist ein Erntedankfest, und man erinnert sich an die Gabe des Gesetzes auf dem Berg Sinai. Ein Volksfest mit vielen Pilgern und ausländischen Besuchern. Und die wollen wissen, was im Haus dieser seltsamen Gruppe los ist – und erleben ihr blaues Wunder.

Wieder eine Gabe, aber diesmal nicht die des Gesetzes. Es ist zwar nicht so, dass keiner von ihnen Hebräisch, Aramäisch oder Griechisch verstehen würde, eine dieser Sprachen kennt jeder. Aber sie hören die galiläischen Fischer in ihrer Muttersprache reden, denn Gott will sie persönlich ansprechen. Das Evangelium ist keine Information oder Geschichte, sie ist Gottes persönliches Wort, das existentiell, also ganz tief in der Seele widerhallen will. Das Pfingstwunder liegt nicht primär darin, dass die Jünger fremde Sprachen sprechen, das kann Google auch. Sondern darin, dass sie die Fremden in grosser Freiheit und mit Tiefenwirkung ansprechen und erreichen.

Die Gabe des Geistes ist nicht das, was man gerne hätte, sondern das, was nötig ist. Und sie bleibt Gabe: Später wird Petrus wieder einen Dolmetscher brauchen (Johannes Markus, vielleicht der Verfasser des gleichnamigen Evangeliums), er besitzt die fremden Sprachen nicht. Überhaupt geht es gar nicht um Petrus oder die anderen, nicht sie erhalten ein Werkzeug von Gott, sondern sie werden zum Werkzeug für Gott. Die Gabe des Geistes macht nicht die Menschen gross, sondern Jesus: Die Jünger erhalten Sprachkenntnisse, um von Jesus zu erzählen. Es geht um das Evangelium, es geht nicht darum, dass der Mensch, auf dem der Geist liegt, zu Ansehen, Macht oder Geld kommt. Wir sind nie Befehlende, sondern immer nur Bittende, wir sind nie Besitzende, sondern immer nur Empfangende, wir sind nie Herrschende, sondern immer nur Dienende. Und wer sich den Geist zueigen machen will für eigene Zwecke, hascht nach Wind.

Dieser Geist, damals und auch heute, ist eine Macht. Kein Wunder, dass die Leute erschrecken. Aber er ist nicht unsere Macht, und darum erstaunt es nicht, dass die Jünger auch ausgelacht werden: «Sie haben zu viel gebechert». Wer sich nur auf Weltliches versteht und Gott sowieso für einen Hampelmann oder eine Wunschvorstellung hält, wird nie begreifen, worum es geht. Wo Gott, auch durch uns, ganz persönlich zu Menschen spricht, wird es immer auch Ablehnung geben. Haben sie nicht auch Jesus abgelehnt?

Ablehnung gehört dazu – ist aber noch kein Qualitätsmerkmal („solange sie uns doof finden, machen wir alles richtig"). Fast keiner der Apostel wird friedlich in seinem Bett einschlafen, sondern gewaltsam ums Leben kommen. Der Geist ist keine Superkraft und bürgt auch nicht für Unverwundbarkeit. Aber alle waren sie der Überzeugung, das Richtige im Namen Jesu zu tun und voller Hoffnung, dass Jesus sie in der Ewigkeit mit offenen Armen erwartet. Auch diese Gewissheit ist eine Gabe des Geistes.

Zum Schluss eine Zusage, eine Frage und eine Aufforderung. *Die Zusage:* Der Geist ist dir verheissen, auch dir, und er wirkt in dir, auch in dir. Er bleibt aber immer Gabe, und es geht nicht primär um dich, sondern um Jesus. Der Geist gibt dir eine Aufgabe: Erzähle von Jesus, lebe für ihn. Unsere Sehnsucht nach vollmächtigen Geist-Taten, die *wir* vollbringen, müssen wir kritisch hinterfragen: Um wen geht es? Die Verheissung bleibt, für uns alle. Aber auch die Frage, um wen es geht. 2. *Die Frage:* Gehörst du zu den Menschen, die sagen, sie hätten den Geist noch nie erlebt und warteten schon seit Jahren? Alle reden in Zungen, alle tun Wunder, aber sie bleiben auf dem Trockenen sitzen. Kennst du das? Nochmals: Es geht nicht um dich, du dienst dem Geist, nicht er dir. Nicht, was du willst, sondern was nötig ist. Ist es wirklich so, dass du keine Geistererlebnisse machst? Schaust du am richtigen Ort? Vielleicht will der Geist durch dich gar nicht zu den Massen sprechen, sondern zu deiner Arbeitskollegin oder deinem schrulligen Nachbarn. Und nur, weil ich hier vorne stehe, heisst das nicht, dass der Geist mehr durch mich wirkt als durch dich. Ist es wirklich so, dass du nichts erlebst? Ich kann es fast nicht glauben. Bitte schau genau, mache Ohren, Augen, Hirn und Herz auf. Der Geist ist grosszügig und überall: Ich bin überzeugt, dass er niemanden vergisst, der sich zu Jesus bekennt. Auch dich nicht. 3. *Die Aufforderung:* Wie weiss ich, dass es der Geist war, der gewirkt hat? Wenn es um Jesus geht, dann ist es immer der Geist. Wenn nicht, dann meist nicht. Ist Corona Warnung oder Strafe des Geistes? Das hört man überall in den sogenannt christlichen Medien.

Ich glaube nicht, denn der Geist verheisst Leben, nicht Tod. Ist unser Zusammensein heute sein Werk? Ja, denn es geht um Jesus. Kann man im Namen des Geistes Corona wegbeten, wie die Teleevangelisten? Eher nicht – da geht es noch nicht um Jesus, sondern noch immer um die Beter. Kann man im Namen des Geistes für Coronaversehrte wirkungsvoll beten? Aber sicher. Nicht alles, was uns als machtvolles und wunderbares Wirken des Geistes dargestellt wird, ist es auch. Jede Idee tönt besser, wenn sie «direkt» vom Geist kommt. Lassen wir uns nicht an der Nase herumführen, sonst wird der Geist zum Erfüller unserer Wünsche, lassen wir nicht zu, dass er zu einer Marketing-Etikette wird. Um wen geht es? Um den Herrn, oder doch nur um den Pfarrherrn? Das ist wichtig, denn das sind die beiden grössten Feinde des Geistes: «Ich erlebe den Geist *nie,* es gibt ihn nicht» - «*Ich* habe den Geist, folgt *mir* nach!» Wir aber wollen das Werkzeug des Heiligen Geistes und nicht irgendeines Geistes sein. Sucht, prüft, öffnet euch – und ihr werdet finden. Oder noch besser: vom Geist gefunden werden.

Amen.

Mehr Mut!
Armutsbekämpfung in Apostelgeschichte 3

Petrus und Johannes nun gingen hinauf in den Tempel zur Zeit des Gebets; es war um die neunte Stunde. Und es wurde ein Mann herbeigetragen, der von Geburt an gelähmt war; den setzte man täglich vor das Tempeltor, welches ‹das Schöne› genannt wird, damit er die Tempelbesucher um ein Almosen bitten konnte. Als der nun Petrus und Johannes sah, wie sie in den Tempel gehen wollten, bat er sie um ein Almosen. Petrus aber sah ihm in die Augen, und mit Johannes zusammen sagte er: Schau uns an! Er sah sie an in der Erwartung, etwas von ihnen zu erhalten. Petrus aber sagte: Silber und Gold besitze ich nicht; was ich aber habe, das gebe ich dir: Im Namen Jesu Christi des Nazareners, steh auf und zeig, dass du gehen kannst! Und er ergriff ihn bei der rechten Hand und richtete ihn auf; und auf der Stelle wurden seine Füsse und Knöchel fest, und er sprang auf, stellte sich auf die Füsse und konnte gehen; und er ging mit ihnen in den Tempel hinein, lief hin und her, sprang in die Höhe und lobte Gott. Und das ganze Volk sah ihn umhergehen und Gott loben. Sie erkannten aber in ihm den, der sonst beim Schönen Tor des Tempels sass und um Almosen bat; und sie waren erschrocken und staunten über das, was ihm widerfahren war.

Was sage ich, wenn mich jemand an der Tramhaltestelle um Geld bittet? *Gold und Silber habe ich nicht?* Das wäre gelogen, Geld habe ich genug, aber ich will nichts geben. Dann also *Im Namen Jesu, sei geheilt!* Will ich mich in aller Öffentlichkeit als Christ outen? Das fällt vielen schwer, weil sie nicht als prüde, konservativ und leicht dämlich gelten wollen. Und darum sagen wir lieber nichts über unseren Glauben, weder zum Bettler noch zum Nachbarn oder Arbeitskollegen. Dann also: Habe ich den Glauben, einem armen Menschen Heilung im Namen Jesu zu versprechen? Wie aber stünde ich da, wenn nichts passiert?

Und wie stünde er da, voller Hoffnung zuerst und dann voller Enttäuschung. Darum sage ich nichts, gehe weiter und tue so, als ob ich ihn nicht gehört hätte. Vielleicht eine abweisende Geste mit dem Finger, und dann habe ich den Bettler hinter mir. Das ist nicht schwierig. Das ist falsch.

Ich stelle mir vor, dass auch Petrus und Johannes auf dem Weg zum Tempel viele Bettler abweisen, denn es wird kaum nur ein einziger dort gesessen haben. Wer wegen Unfall oder Behinderung nicht arbeiten konnte, dem blieb in der Regel nur das Betteln. Und so wird es wie überall um die Heiligtümer Dutzende, wenn nicht Hunderte von Bettlern gegeben haben. Mit dem einen jedoch kommen sie ins Gespräch. Etwas monologhaft hält Petrus seinen Sermon, verheisst Heil und reisst den Gelähmten hoch. Er fragt nicht, wie Jesus es tut, sondern handelt ohne Zögern. Das wirkt auf den ersten Blick etwas übergriffig – nicht gerade die feine therapeutische Art. Aber dann merkt man, dass dieser Eindruck täuscht. Denn zum einen blickt Petrus dem Bettler tief in die Augen und stellt so eine Beziehung her – ohne Worte erkennt er, was der Mann braucht. Und zum anderen spricht er sich mit Johannes ab, er entscheidet nicht alleine, sie sprechen zusammen zum Bettler. Und als der Mann geheilt ist und vor Freude tanzt, wissen die beiden, dass sie richtig gehandelt haben. Und was wird aus dem Geheilten?

Diese Geschichte gefällt mir, weil sie ein Thema aufnimmt, mit dem ich immer wieder konfrontiert werde. Und auch, weil sie eine Lösung präsentiert, die auf verschiedenartiger Dynamik basiert. Das schauen wir uns zuerst an, und dann gehen wir zurück zur Ausgangsfrage: Was sagst du, wenn du an der Tramstation um Geld gefragt wirst?

Die *erste Dynamik* ist die Selbstverständlichkeit, mit der sich Petrus zu seinem Glauben bekennt. Dass das nicht nur auf Gegenliebe stösst, zeigt die Reaktion der Männer im Tempel: Erschrecken, Erstaunen, Ablehnung, vielleicht auch Gelächter. Das ist etwa das, was auch wir erleben und scheuen. Weshalb eigentlich? Weshalb ist es uns so wichtig, gut dazustehen und nichts Persönliches preis zu geben?

Weshalb wollen wir auch noch denen gefallen, die uns schon beim ersten Glaubenswort in den Sektentopf werfen? Ist uns deren Meinung wirklich wichtig? Weshalb fürchten wir Ablehnung? Gibst du ihnen Grund zur Annahme, dass du engherzig und rückständig bist? Dann haben sie Recht! Und wenn nicht: Wovor fürchtest du dich? Ich weiss, dass mein Glaube richtig ist, ich weiss, welches unverzichtbare Fundament er mir ist, und wenn es anderen nicht gefällt, dann ist es halt so. Ich weiss natürlich auch, dass es als Pfarrer einfacher ist und dass auch ich nicht stets ein Glaubensheld bin. Und gerade darum spricht mich die Unerschrockenheit des Petrus an. Er weiss, dass Jesus kompromisslos auf seiner Seite ist, und das genügt. Man muss ja nicht unbedingt aufdringlich sein oder frömmelig oder unbelehrbar, wie das andere Christen manchmal sind. Erzähl von dir und deinem Glauben, dafür musst du dich nicht schämen. Ich wünsche mir für mich gerade in den politischen und sozialen Diskussionen mehr Mut, zu meinem Glauben zu stehen, denn er prägt mein Handeln und Denken ganz wesentlich. Jeder SVPler oder Grüne weiss die Grundlagen seiner Einstellung und steht dazu. Nur wir kneifen. Muss das sein?

Und dann fasziniert mich auch *die Gewissheit,* mit der Petrus am Gelähmten zieht und weiss, dass er stehen wird. Solchen Glauben habe ich nicht. Zu viele Geschichten von Pseudoheilungen habe ich erlebt, zu oft auch gehört, wie Menschen Heilung versprochen wurde und dann passierte nichts – weil sie angeblich «nicht genug» glaubten. Das hat meine Wunderglaubenskraft vermindert. Überhaupt ist nie jemand durch mein Gebet zum Glauben gekommen oder geheilt worden, und immerhin bin ich Pfarrer. Aber ist nur geholfen, wenn auch geheilt ist? Petrus hat den Heilungsglauben, ich nicht, aber ich habe Silber und Gold und andere Möglichkeiten zu helfen. Und das mache ich, so gut ich kann. Trotzdem: Etwas von diesem Glauben hätte ich gerne, von dieser Selbstverständlichkeit: Jesus sieht dich, er liebt dich, er will dich gesund machen. Und jetzt geschieht es. Das ist auch eine Mutfrage, eine Einstellungssache, und irgendwie bin ich hier immer noch Anfänger. Schade. Aber immerhin: Silber und Gold habe ich. Wer nicht heilen kann oder will im Namen Jesu, der muss bezahlen oder noch besser: Nachhaltig helfen. Nichts tun ist keine Option. Schlicht und einfach.

Und dann *die Freude des Geheilten:* Er tanzt in aller Öffentlichkeit und Freiheit im Tempel, dem Ort des ernsten Gebets. Wer könnte es ihm verargen? Auch wir sind versöhnt mit Gott, haben Sinn im Leben, kennen Jesus und werden unendlich geliebt. Es geht uns im Grunde genommen wie dem Geheilten, und auch wir freuen uns und tanzen, besonders beim Lobpreis und beim Dankgebet. Ausser, wenn wir zusammen in der Kirche sind... Und wir wundern uns, dass der Rest der Welt den Eindruck hat, wir seien Spiesser, Spassbremsen und Schwerenöter. Auch hier: Ich weiss, dass weder das Leben noch der Glaube nur zum Lachen sind, aber diese Dynamik spontaner Freude vermisse ich. Menschenscheu, Heilungsglaube, Freudesdynamik – das hängt doch alles miteinander zusammen!

Und schliesslich: *Wie geht es mit dem Geheilten weiter?* Seinen Lebensunterhalt hat er verloren, denn betteln kann er nicht mehr, jetzt muss er irgend etwas arbeiten. Die Gemeinschaft seiner Freunde, die ihn jeden Tag holten und brachten, wird wohl auch vorbei sein. Ist er jetzt besser dran? Ja, denn die urchristliche Gemeinschaft hat sich intensiv gekümmert gerade um solche Leute. Sie haben neue Heimat gegeben. Nach dem grossen Wunder der Heilung braucht es kleine, alltägliche Wunder, damit dieser Geheilte nicht verloren geht. Wer ist ihm Familie? Woher sein Verdienst? Was soll er arbeiten? Wer helfen will, der kann nicht nur Geld geben oder fromm von Jesus erzählen, er muss Heimat schaffen und Menschen nachhaltig begleiten und integrieren. Oft meinen wir, mit der Bekehrung sei es getan – im Gegenteil, dann fängt es erst an! Sonst ist der neue Glaube schnell wieder weg. Petrus wird ihn in die Gemeinde mitgenommen haben, dort beginnt neues und echtes Leben. Ihn vor dem Tempel stehen zu lassen mit einem schnellen Dankgebet, ist keine Option.

Was also sagst du, wenn du an der Tramstation um Geld angefragt wirst? Ein paar Anregungen dazu: 1a. Wer nicht heilen kann oder will, muss zahlen. 1b. Wer nicht zahlen will, muss sonst helfen, am besten nachhaltig, alles andere bringt nichts. 1c. Nichts zu tun ist einfach, aber keine Option für Jesus. 2a. Weshalb kannst du nicht heilen im Namen Jesu? Zurück zu Punkt 1. 2b. Weshalb bist du so ernst? Bist du nicht erlöst? Weshalb sieht man das nicht etwas mehr? 3. Hilfe und Heilung brauchen immer Heimat. Als Gemeinde sind wir Heimat. Oder doch nur ein Haus für Gäste, die fremd bleiben?

Es ist, habe ich den Eindruck, wesentlich eine Frage des Mutes. Authentisches und wirkungsvolles Christsein nach dem Beispiel von Petrus ist ein Wagnis. Wage zu glauben. Wage, zu deinem Glauben zu stehen. Wage, deinen Glauben am Nächsten zu konkretisieren. Wage es, weil Jesus mit dir ist, und zwar genau gleich, wie er damals mit Petrus war. Genau gleich.

Amen.

Mit Steinen in den Händen
Ehebruch in Johannes 8

22 Am frühen Morgen ging Jesus wieder in den Tempel, und das ganze Volk kam zu ihm. Er setzte sich und begann, sie zu lehren. Da treiben die Schriftgelehrten und die Pharisäer eine Frau zu ihm, die beim Ehebruch ergriffen worden ist, stellen sie in die Mitte und sagen zu ihm: „Meister: Diese Frau ist in Flagranti beim Ehebruch ergriffen worden! Im Gesetz befiehlt uns Mose, solche zu steinigen. Nun, was sagst du?" Das sagten sie freilich, um ihn zu versuchen und ihn dann anklagen zu können. Jesus bückte sich und schrieb mit dem Finger in die Erde. Als sie nun hartnäckig weiterfragten, stand er auf und sagten zu ihnen: „Wer von euch sündlos ist, der soll als erster einen Stein auf sie werfen!" Er bückte sich wieder und schrieb in die Erde. Als sie das hörten, gingen sie weg, einer nach dem anderen, zuerst die Ältesten, bis Jesus allein mit der Frau in der Mitte war. Jesus stand auf und sagte zu ihr: „Frau, wo sind sie? Hat dich niemand verdammt?" Sie sagte: „Keiner, Herr." Und Jesus sagte zu ihr: „Auch ich verdamme dich nicht. Geh und führe dein Leben weiter, und sündige von jetzt an nicht mehr!"

Bei Johannes besucht Jesus Jerusalem im Gegensatz zu den anderen Evangelisten mehrfach, und unsere Geschichte erzählt den zweiten Besuch: Gestern ist Jesus für das Laubhüttenfest nach Jerusalem gekommen, in den Tempel gegangen, hat gelehrt und die Pharisäer und die Schriftgelehrten so sehr provoziert, dass sie beschliessen, ihn zu töten. Am nächsten Morgen geht er wieder in den Tempel, setzt sich, die Leute strömen hinzu, und er beginnt, sie zu lehren. Es dauert nicht lange, bis die zu erwartende Störung eintritt. Die Pharisäer und Schriftgelehrten haben nur darauf gewartet, dass Jesus sich im Tempelhof zeigt und sie ihn vor grossem Publikum zur Rede stellen können. Jesus ist ihnen schon seit geraumer Zeit ein Dorn im Auge: zu liberal, zu ungebildet, zu freigeistig, zu autonom, zu mutig, zu unfassbar.

Und nun haben sie die Möglichkeit, ihn in die Enge zu treiben: Sie führen eine Ehebrecherin vor sich her zu Jesus. Wie ein Stück Vieh wird die Frau behandelt, während der Mann, der zweifelsohne auch beteiligt war, weder Verantwortung übernimmt noch zur Verantwortung gezogen wird. Es ist immer dieselbe Geschichte, aber hier riecht sie ziemlich abgekartet. Die arme Frau – sie soll zur Falle für Jesus werden. Ehebruch wird mit Steinigung bestraft, so steht es im mosaischen Gesetz. Und das Grausamste dabei ist, dass jedermann sich daran beteiligen darf. Jeder spielt sich zum Richter und Henker auf und lässt im Namen Gottes Gerechtigkeit walten. Wer würde sich so ein Volksspektakel entgehen lassen?

Was auch immer Jesus jetzt sagen wird: Es schadet ihm. Ist er milde in seinem Urteil, verstösst er gegen das Gesetz, ist er streng, stösst er seine Anhänger vor den Kopf, die Gnade von ihm erwarten. Die Situation ist angespannt, Jesus steckt in der Zwickmühle. Aber wie so oft reagiert er auch unter Druck souverän: Er sagt nichts, er verweigert sich. Er bückt sich und kritzelt in den Sand. Was soll das? Jesus erkennt die Fangfrage, die Tücke der Situation und die Absicht der Gegner. Und er weigert sich, das Spiel mitzuspielen. Gut gekontert! Aber auch gefährlich: Wenn er keine Antwort gibt, riskiert er, dass der Mob ausser Kontrolle gerät und mit der Steinigung beginnt – und nicht nur die Frau steinigt, sondern auch ihn, der sich doch auf gleicher Höhe wie sie befindet. Jesus begibt sich freiwillig in grosse Gefahr.

Es stehen sich zwei grundsätzlich verschiedene Haltungen gegenüber: Der Hochmut und Stolz derer, die das Gesetz, Recht und Ordnung auf ihrer Seite wissen und voller Selbstbewusstsein nach dem Rechten schauen und hart, aber gesetzteskonform durchgreifen. Und auf der anderen Seite dieser Rabbi aus Galiläa, der sich als einziger mit der zutiefst verängstigten, um ihr Leben bangenden Frau solidarisiert und sich demütig und voller Erbarmen in

138

ihre Todesgefahr begibt. Oben sammeln sie Steine und wissen sich voller Stolz im Recht, unten fürchten sie um ihr Leben und zeigen voller Demut, was Solidarität bedeutet: Sich zu denen in grösster Not hinzuknien. Solidarität ist keine Sache langer Worte, sondern mutiger Taten.

Jesu Schweigen und Hinknien irritieren den Mob, das hätten sie nicht erwartet. Eigentlich wollen sie ihn loswerden, aber ihn einfach so mit der Frau zu steinigen, das wagen sie dann doch nicht. Und darum bewerfen sie ihn zunächst einmal mit eindringlichen Fragen. Und es nützt: Jesus steht auf und ist jetzt endlich bereit, ein Urteil zu fällen. *Wer von euch sündlos ist, der soll als erster einen Stein auf sie werfen.* Was für eine Antwort! Jesus behauptet nicht, die Frau sei unschuldig, aber er zwingt die Zuhörer, vom Podium des Gesetzes und des Rechtes herabzusteigen und sich neben die Frau zu stellen und sich zu fragen, ob nicht jeder von ihnen auch an diesem Platz stehen müsste. Wer wäre ohne Sünde? Wer könnte im Namen des Gesetzes auf seine Sündlosigkeit verweisen? Jetzt können sich die Schaulustigen nicht mehr hinter dem objektiven Recht verstecken, sie müssen Stellung beziehen und persönlich entscheiden, was Gerechtigkeit jetzt, gerade in dieser Situation bedeutet. Der Richter auf dem hohen Stuhl wird zum Mitangeklagten auf der Bank der Schuldigen. Wer als erster einen Stein wirft, muss damit rechnen, als nächster gesteinigt zu werden. Grosses Schweigen, niemand sagt etwas, wagt etwas. Und alle gehen sie weg.

Jesus hat die Schlacht gewonnen, aber er zeigt kein Interesse, vor den Augen der Gegner den Sieg auszukosten, sondern kniet sich wieder nieder. Auch hier: Er bleibt demütig. Die Ankläger haben so die Möglichkeit, sich ungesehen zurückzuziehen. Sie haben ihr Gesicht verloren, aber der triumphale Blick Jesu bei ihrem Abgang bleibt ihnen erspart. Jesus liebt die Menschen – nicht nur die Frau am Boden, auch seine Feinde.

Als Jesus allein mit der Frau ist, fragt er sie, wo die anderen sind, obwohl er gehört haben muss, wie sich zurückzogen. So hat nun auch die Frau die Möglichkeit, ihre Situation selbst zu sehen und ihr Leben wieder in ihre Hand zu nehmen. Jesus demütigt auch sie nicht mit einer Moralpredigt unter vier Augen. Er spricht ihr neues Leben zu: *Ich verdamme dich nicht.* Aber er entlässt sie nicht einfach so. Er respektiert sie als Menschen, auch wenn er ihr Verhalten nicht billigt: *Geh und führe dein Leben weiter, und sündige von jetzt an nicht mehr!* Ob die Frau ihre Chance wahrgenommen hat? Wir wissen es nicht. Aber wer je in einer solch engen Situation gewesen und gerade noch einmal davongekommen ist, wird in der Regel nicht einfach weitermachen wie bisher. Aber selbst wenn: Jesus eröffnet neue Möglichkeiten, er zwingt jedoch niemanden, sie auch zu nutzen. Er ist und bleibt demütig, dienend, hoffend.

Was mich an dieser Geschichte fasziniert, ist die Verschiebung der Dynamik. Auf der einen Seite der Mob, der vor Selbstgerechtigkeit strotzt – auf der anderen Seite die Frau, deren Schuld undiskutabel ist. Voller Stolz schauen die Männer hinab, voller Angst schaut die Frau hinauf. Und dazwischen: Jesus. Er stellt sich zwischen Täter und Opfer, er kämpft für das Leben. Es geht ihm nicht ums Gesetz, nicht um Recht und Ordnung, nicht um Schuld und Strafe. Es geht ihm um das Leben. Und dies auf beiden Seiten! Es geht ihm darum, dass die Frau mehr ist als ihre Sünde. Er sieht den Menschen, der einen grossen Fehler begangen hat, und mit keinem Wort leugnet er ihre Schuld. Aber er sieht auch: Dieser Mensch bleibt das Kind Gottes. Und darum steht er für die Frau ein, auch wenn er sich dafür demütigen muss. Seine Bewegung zielt nach unten. Und wenn du in deinem Leben an einem Punkt bist, wo du alleine inmitten deiner Feinde am Boden liegst, dann sollst du wissen, dass Jesus gerade hier an deiner Seite steht. Und dies selbst dann, wenn du zurecht am Boden liegst. Jesus kämpft für das Leben, er stellt sich dazwischen, er steht neben dem*r Sünder*in. Denn er sieht in jedem Menschen mehr als den/die Sünder*in, er sieht das Kind Gottes. Es gibt keine Schuld, die so gross wäre, dass sich Jesus von dir zurückziehen würde.

Und er stellt sich vor den Mob, auch wenn er damit sein Leben riskiert. Diese Entschlossenheit zwingt die Männer, ihre stolze und distanzierte Haltung aufzugeben und sich selbst als Teil des Problems zu erkennen. Indem Jesus sich neben die Frau stellt, fragt er die Meute: Mit welchem Recht stehst du hier? In wessen Namen handelst du? Kannst du beweisen, dass du besser bist als diese Frau? Diese Fragen sind entlarvend und demütigend, sie ziehen die Angesprochenen herab in den Sand und stellen sie neben die Frau. Wieder: Gottes Bewegung zielt nach unten. Und wenn wir wieder einmal mit Steinen in den Händen dastehen, bereit, das Gegenüber mit Worten, Blicken oder Taten zu töten, dann spricht Jesus auch zu uns: Bist du ohne Sünde, dass du Steine werfen darfst? Das ist demütigend, aber gleichzeitig gilt: Jesus spielt sich nicht als Sieger auf, er lässt die Meute und auch uns in aller Ruhe entscheiden – und er demütigt uns nicht, wenn wir den Fehler erkennen und uns entfernen. Er ermöglicht eben nicht nur der Frau neues Leben, sondern auch den Männern, indem er sie davor bewahrt, zu Mördern zu werden. Er sieht auch in dir und mir, wenn wir mit Steinen in den Händen dastehen, mehr als nur Mörder. Er sieht auch in uns die Kinder Gottes. Und darum, gerade darum gilt auch uns: *Geh und sündige nicht mehr!* Das wünsche ich uns allen.

Amen.

Nicht, was du tust!
Der Weinstock in Johannes 15

1 Ich bin der wahre Weinstock, und mein Vater ist der Weinbauer. 2 Jede Rebe an mir, die nicht Frucht bringt, nimmt er weg, und jede, die Frucht bringt, reinigt er, damit sie noch mehr Frucht bringt. 3 Ihr seid schon rein um des Wortes willen, das ich euch gesagt habe. 4 Bleibt in mir, und ich bleibe in euch. Wie die Rebe von sich aus keine Frucht bringen kann, wenn sie nicht am Weinstock bleibt, so auch ihr nicht, wenn ihr nicht in mir bleibt. 5 Ich bin der Weinstock, ihr seid die Reben. Wer in mir bleibt und ich in ihm, der bringt viel Frucht, denn ohne mich könnt ihr nichts tun. 6 Wer nicht in mir bleibt, wird weggeworfen wie die Rebe und verdorrt; man sammelt sie und wirft sie ins Feuer, und sie verbrennen. 7 Wenn ihr in mir bleibt und meine Worte in euch bleiben, dann bittet, um was ihr wollt, und es wird euch zuteil werden. 8 Dadurch wird mein Vater verherrlicht, dass ihr viel Frucht bringt und meine Jünger seid. 9 Wie der Vater mich geliebt hat, so habe ich euch geliebt. Bleibt in meiner Liebe!

Und: Hat's gewirkt? Vor einer Woche haben wir Pfingsten und das Wirken des Geistes gefeiert, und nun, am folgenden Sonntag, wollen wir sehen, was daraus geworden ist.

Das ist ein steiler Einstieg in die Predigt, ich weiss. Aber es ist auch eine steile Frage, die die Christenheit seit ihren Anfängen unablässig beschäftigt, bewusst oder unbewusst, gewollt oder auch nicht. Habe ich alles richtig gemacht? Ist Gott zufrieden mit mir? Werde ich aufgrund meiner guten Taten in den Himmel kommen? Viele Schriften des Neuen Testaments handeln davon, etwa das Matthäusevangelium, Paulus, die Apokalypse, Jakobus. Und es ist sicher auch die Frage, mit der sich die allermeisten Christ*innen am meisten stressen. Oder hast du dich noch nie gefragt, ob es reicht, ob du dich genügend angestrengt hast und was wohl Gott zu deinem Leben sagen würde?

143

Gottseidank gibt es das Johannesevangelium, sozusagen das theologische Schlusswort des Neuen Testaments. Hier kommen alle Traditionen noch einmal zusammen und werden auf überraschende und erfrischende Art neu verknüpft und interpretiert. Das Bildwort vom Weinstock steht mitten in den Abschiedsreden (Joh 14-16), ein Wort, das recht harmlos daherkommt, aber die Theologie nachhaltig auf den richtigen Weg bringt. Zur Klärung der Begriffe: Der Weinstock ist hier der Stamm, die Reben sind die neuen Zweige, die im Frühling ausschlagen, und die Früchte sind die Trauben an diesen Zweigen. Jesus wählt das Bild, weil es allen bekannt ist, weil alle Wein schätzen, und weil dieses Bild schon im Alten Testament Verwendung findet.

Jesus, der wahre Weinstock, löst viele Gedanken und Ideen aus, aber von unserem Thema, den Werken nach Pfingsten wird nicht gesprochen. Das liegt daran, dass Johannes statt «tun, machen, handeln» *bleiben* sagt, und statt «Werk/Tat» *Frucht*. Kleine Unterschiede, grosse Wirkung. Frucht bringt die Rebe nicht, indem sie sich anstrengt, ihre Frucht hängt nicht von Disziplin oder Motivation ab. Für gute Trauben braucht es einen gut verwurzelten, gesunden Weinstock und die umsichtige, erfahrene Pflege des Weinbauern. Beides ist gegeben: Jesus ist der Weinstock, der Vater im Himmel der Weinbauer. Unter diesen Voraussetzungen kann die Rebe gar nicht anders, als gute Früchte hervorzubringen. Das geht automatisch, organisch. Die Rebe steht weder unter Druck, noch ist sie im Dauerstress, dem Stock zu genügen, sondern sie ist verbunden mit ihm und lässt seine Kraft durch ihre Adern fliessen. Darum und daraus entstehen die Früchte.

Solange sie am Stock *bleibt*. Abgeknickt bringt sie keine Frucht, und autonom wird es auch nichts mit den Trauben. *Bleiben – verbunden bleiben – verwachsen bleiben:* Allein darauf kommt es an. Bleiben, das ist ein Lieblingswort von Johannes: Der Vater bleibt im Sohn, der Sohn bleibt bei uns, seine Liebe bleibt, der Geist bleibt. Und solange wir bei ihm bleiben, wächst seine Frucht aus uns und durch uns. Es geht nicht um das Werk, das wir tun, die Leistung, die wir vollbringen, den Gehorsam, den wir zeigen, sondern um die Frucht, die aus uns wächst. Es geht nicht mehr darum, was du tust, sondern darum, *was du bist.* Du musst Gott nicht gerecht werden, du musst nicht den einen, wahren, gottgefälligen, christlichen Weg finden. Bleibe einfach bei Jesus. *Bleibt in mir, und ich bleibe in euch. Wer in mir bleibt und ich in ihm, der bringt viel Frucht. Bleibt in meiner Liebe!* Es geht nicht mehr darum, was du tust, sondern darum, *was du bist.*

Schön und gut, aber ist das nicht etwas zu einfach? Wozu schreibt Matthäus die Bergpredigt und Paulus seine komplizierten Briefe? Ich frage zurück: Kannst du dir vorstellen, dass jemand, der jeden Tag in der Bibel liest und das Wort Gottes tief in sein Herz sinken lässt, gleichgültig am Elend eines Bettlers vorbeigeht? Oder dass jemand, die sich mit Lobpreis oder Taizéliedern auf die Wellenlänge Gottes einstellt, seinen Besitz für sich allein behält? Dass jemand, der die Liebe Gottes jeden Tag eine Stunde meditiert und in sich aufnimmt, die Menschen um ihn herum lieblos und selbstsüchtig behandelt? Kannst du dir das vorstellen? Wer in Jesus bleibt und seine Liebe zu seiner Blutgruppe macht, der oder die wird so geprägt von Jesus, dass ihr Leben nach Jesus tönt, nach Jesus riecht, nach Jesus vibriert. Bleiben, nur darum geht es. Alles andere ergibt sich, alles andere wächst organisch.

Bleiben soll aber nicht der neue Jesus-Stress werden: Bin ich gut genug geblieben, lang genug, habe ich alles getan, um richtig zu bleiben? Sobald solche Frage auftreten, sind wir auf dem falschen Gleis. Bleiben heisst vor allem: Zeit haben, sich Zeit nehmen. Zeit mit Jesus verbringen, sei dies im Liegestuhl oder beim Kochen für die Obdachlosen. Nimm dir diese Zeit, bleib mit ihm. Wie du bei ihm bleibst, wie du in seiner Liebe badest, das weisst du persönlich am besten, und was daraus geschieht, welche Früchte aus dir wachsen, wirst du selbst merken. Gott arbeitet ganz individuell mit uns. Bleibe, und du wirst sehen, was passiert.

Zwei etwas verwirrende Gedanken zum Bleiben stehen noch in unserem Text: Wer bleibt, kann bitten, worum er will, und es wird ihm zuteil (V7). Wer nicht bleibt, verdorrt, wird fortgeworfen und verbrannt (V6). Zum Bitten: Ich verstehe das nicht so, dass wir Christen allmächtig wünschen können, was wir wollen, sondern als Verheissung, dass es eine Verbindung mit Jesus gibt, die so intensiv ist, dass wir selbstlos werden und selbstvergessen nur noch um das bitten, was bereits im Herzen des Vaters bereit liegt. *Solche* Bitten gehen immer in Erfüllung. Und das Gegenteil, dass verbrennt, wer nicht bleibt: Ich glaube nicht, dass man Menschen für Jesus gewinnt, wenn man ihnen mit der Hölle droht. Ich möchte diesen Vers auch organisch verstehen: Wer seine Verbindung mit der Kraft Gottes trennt, trennt sich auch vom wahren Leben, er wird unfruchtbar, verdorrt, es wächst nur noch, was er selbst zustande bringt, und das ist meist recht bescheiden. Wahres, fruchtbares Leben entsteht in Verbindung zum wahren Weinstock, ohne geht es nicht, und anderswo geht es auch nicht. Und darum lohnt es sich, bei ihm zu bleiben. Alles andere ist ein Leben, das sich kaum vom Tod unterscheidet. Wer als bei Jesus bleibt, erlebt die Fülle wahren Lebens, und wer nicht bleibt, erlebt nur sich selbst.

Zum Schluss: Johannes lehrt uns, dass es nicht oder nicht mehr darum geht, was du tust, sondern darum, was du bist. Sei verbunden, bleibe in Jesus, nimm dir Zeit, es gibt nichts Wichtigeres, auch wenn du nur auf dem Sofa sitzt und die Gegenwart Jesu wirken lässt. Dann ist bereits alles getan, der Rest wächst von selbst aus dir heraus. Und denke an die Trauben: Jede von ihnen trägt Kerne, aus denen wieder neues Leben entsteht. Wo wir mit Jesus verbunden sind, wo sein Geist in uns wirkt, da entsteht ein neuer Lebenszusammenhang. Dein Leben wird fruchtbar, auch wenn du gar nicht siehst, wo die Kerne dieser Früchte ausschlagen und gedeihen. Aber Gott sieht sie und freut sich, dass er durch dich an vielen Orten neues Leben schenken kann. Wo und wie bleibst du also? Wozu bleibst du? Hast du Zeit für seine Worte, seine Liebe? Oder hast du nur Sorgen, und deine Gedanken bleiben dort? Nichts, was du tust, ist so wichtig wie das, was du bist.   Amen.

5 Paulus

Ich will nicht gleich sein - aber eins
Was es nicht mehr gibt in Galater 3

28 Es gibt [von jetzt an] weder Juden noch Griechen, es gibt weder Sklaven noch Freien, es gib nicht Mann und Frau. Denn ihr seid alle eins in Christus Jesus.

Mit einem einzigen Satz entwirft Paulus eine neue Welt. Eine Welt, in der es keine Unterschiede mehr gibt, weil alle gleich sind. So wird dieser Vers landläufig verstanden, und das ist falsch. Denn es geht gar nicht darum, dass alle gleich sind oder sein sollen. Aber worum geht es dann?

Paulus führt drei Gegensatzpaare auf und beschreibt damit die Welt so, wie sie *ist:* Juden-Griechen, Freie-Sklaven, Männer-Frauen. Schon auf den ersten Blick fällt auf, dass es keine Paare auf Augenhöhe sind, sondern dem Positiven ein Negatives folgt und dem Höheren ein Niederes. Das ist besonders irritierend beim letzten Paar: Der Mann zuerst, dann die Frau. Aber so war es damals, und so ist es zu oft auch noch heute (denken wir nur an die Ungleichheit der Löhne oder die Anzahl Verwaltungsrätinnen in Grosskonzernen). *Juden-Griechen* betrifft den religiösen Teil des Leben, die Ethnie, die Kultur. Juden verstanden (und verstehen) sich als Träger der göttlichen Verheissung, als auserwähltes Volk, während die Griechen für sie Heiden sind, gottlos oder zumindest ahnungslos, was das Göttliche betrifft, oft gut gebildet zwar und kultiviert, aber alles in allem eben doch nicht Gottes Volk. *Freier-Sklave* nimmt die gesellschaftlichen Verhältnisse ins Visier, und hier eröffnet sich die grösstmögliche Diskrepanz: Während die einen die Herren ihres Lebens und ihres Schicksals sind, werden die anderen bis ins Letzte fremdbestimmt und haben ausschliesslich zu gehorchen. Ein Sklave ist, je nach Besitzer, nicht viel mehr als ein sprechendes Tier oder ein gehorsames Werkzeug. Alle antiken Hochkulturen kannten Sklaverei, auch das Judentum, und keine von ihnen hätte ihre hohe Lebensqualität und ihre technisch-kulturelle Blüte ohne Sklaverei erreicht. Keine Sklaven – keine Errungen-schaften. Und so ist es bis heute: Die amerikanische Vor-herrschaft auf der Welt gründet noch jetzt wesentlich auf dem gigantischen Kapital, das die Ausbeutung der afrika-nischen Sklaven bis Ende 19. Jahrhundert generiert hat. Sklaverei in der Antike war selbstverständlich, alltäglich, fatal und grausam. *Mann-Frau:* Hier geht es um Biologie, Natur, um das, was unveränderlich ist. Der Mann ist bei den Juden, Griechen und Römern zur Zeit von Paulus das Haupt der Familie, ihm obliegt jegliche Verantwortung und Ent-scheidungsgewalt. Während ein Sklave vielleicht irgend-wann frei werden konnte, blieb die Frau für immer dem Mann untergeordnet. Das ist für uns kaum nachvollziehbar, aber wer nur schon vor 50 Jahren zur Welt kam, kennt diese Vorstellungen noch sehr gut, und viele, gerade religiös ge-prägte Gesellschaften denken noch heute ganz genauso. Ethnie, Soziologie, Biologie: Das ist die Welt von Paulus, und das ist auch unsere Welt.

Und zu alledem sagt Paulus: Das gilt nicht mehr. Er sagt nicht: Das gibt es nicht mehr. Denn auch er weiss, dass es noch immer Sklaven gibt und Heiden und die genetischen Unterschiede zwischen Mann und Frau. Es geht ihm um die *Wertung der Unterschiede*, um dieses besser – schlechter, nahe bei Gott – weit von Gott entfernt. Es geht nicht darum, was ist, sondern darum, was uns bestimmt und wie es uns bestimmt.

Wir, 2000 Jahre nach Paulus, leben in einer Zeit, in der auf globaler Ebene wieder oder noch immer gilt: Welcher Religion gehörst du an – zB. im Nahostkonflikt in Paläs-tina. Es gilt in weiten Kreisen, dass eine dunkle Hautfarbe minderwertig ist – zB. im BLM-Konflikt in den US. Es gilt, dass gewisse Nationalitäten besser sind als andere – zB. in der Begrenzungsinitiative. Es gilt, dass die Welt unterteilt ist in Freie und Sklaven – die politisch Entrechteten in Hongkong, China oder dem Iran, die finanziell Ausgebeu-teten in Afrika, die von jeder medizinischen Grund-versorgung ausgeschlossenen in Indien, das sind die modernen Sklaven. Das ist in keiner Weise eine neue

Einsicht, die Konzerverantwortungsinitiative macht es seit Jahren deutlich. Und kaum werden die Ansichten über Geschlechter und Geschlechtlichkeit etwas aufgeweicht (Stichwort «genderfluid»), regt sich massiver Widerstand – zB. gegen die Ehe für alle. Was Paulus als die bestimmenden Unterschiede seiner Welt aufzählt, ist auch in unserer so modernen Welt noch immer höchst aktuell. Sind wir nicht weiter gekommen in all den Jahren? Eher nicht.

In der Welt jedoch, die Paulus entwirft, gilt das alles nichts mehr. In Christus, sagt er – und in Christus meint den Raum, den Ort, die Welt, den Kosmos, das Reich Gottes –, gilt nicht, woher du kommst (Jude oder Grieche), es gilt nicht, was dir möglich ist, was du tust, vermagst, planst (Freier oder Sklave), es gilt nicht, was du bist (Mann oder Frau). Es gilt nur, *was du glaubst.* Worauf du vertraust, worauf du dich verlässt, was dich existentiell prägt. In den Versen vorher (3,26f) spricht Paulus mit immer neuen Bildern Klartext: Dein Glaube macht dich zum Sohn und zur Tochter Gottes, du bist in den Machtbereich von Jesus hineingetauft worden, und wenn du glaubst, hast du Jesus wie ein Kleid angezogen. Also: Deine Identität hat nichts mehr mit deiner Herkunft zu tun, sondern nur noch mit Jesus. Nur noch mit deiner Berufung.

Es ist nicht so, dass ich kein Schweizer mehr wäre – aber bestimmend ist für mich nichts und niemand ausser Jesus. Es ist nicht so, dass ich kein Mann mehr wäre, aber einzig entscheidend ist, dass ich ein Kind Gottes bin. Es ist nicht so, dass ich nicht mehr frei wäre – oder dass ich in allem frei wäre, aber lebensbestimmend ist, dass Jesus mich befreit, zB. von meinem Stolz, meiner Arroganz, meiner Angst. Ich möchte gar nicht gleich sein wie alle anderen, wir bleiben unterschiedlich und verschieden, aber es spielt keine Rolle mehr. Nur Christus ist wichtig und das, wozu er uns macht: Zu seinen geliebten, gewollten, einzigartigen Kindern. Darum sagt Paulus nicht: Es sind alle gleich. Sondern: *Es sind alle eins.* Eins, weil von Einem abhängig; eins, weil nur Einer zählt; eins, weil nicht unsere Herkunft,

Hautfarbe oder Bildung eins sind, sondern unsere Bestimmung. Wir sind nicht gleich, wir sind eins.

Was heisst das konkret für uns hier und heute? Und jetzt drücke ich etwas aufs Gaspedal! 1. Ich bin Christ und Schweizer: Nein! Ich bin Christ und Hetero/Homo: Nein! Ich bin Christ und Sozialist, Kommunist, Kapitalist: Nein! Du kannst nicht das Kreuz tragen und gleichzeitig die rote Fahne mit Hammer und Sichel oder weissem Kreuz. Oder wie es ein frommer Trump-Anhänger sagte: Zuerst bin ich Patriot, und dann bin ich Christ. Nein, nein, nein. Das alles zählt nicht mehr, es zählt nur noch Christus. Wenn wir unsere Bestimmtheit und unsere Bestimmung nicht ernst nehmen, dann übernehmen die alten Werte automatisch wieder. Natürlich kann ich als Christ linke oder bürgerliche Politik machen, aber ich bin weder ein Linker noch ein Bürgerlicher, ich bin Christ. Das ist radikal, aber es ist trotzdem wahr. Und da haben wir noch viel zu diskutieren miteinander, und trotzdem ist es der richtige, der einzige Weg. 2. Wir sind eins, es spielt keine Rolle mehr, ob du Homo oder Hetero bist, randständig oder Häuschenbesitzer, evangelikal oder liberal oder charismatisch. Das alles ist irrelevant. So irrelevant, dass niemand mehr danach *fragt,* niemand mehr *schaut*, niemand mehr *prüft*. Wir sind zusammen, wir gehen zusammen, wir jubilieren zusammen, wir leiden zusammen, weil Christus unsere Mitte ist. Alles andere muss weg. Das wünsche ich mir von dieser Gemeinde: Es spielt keine Rolle, woher du kommst, wohin du gehst, wer du bist. Von dieser Gemeinde, weil ich hier viel Gutes sehe, weil wir auf dem richtigen Weg sind. Wir sind die Gemeinde, in der niemand schaut, wer oder was du bist. Weil wir alle eins sind. Willst du das sein? Wollen wir diese Gemeinde sein? Das geschieht nicht von selbst, das ist eine Entscheidung. Und damit sind wir bei 3.: Bei deinen Augen, die vergleichen, abwägen und prüfen. Bei deinen Händen, die du den einen hinstreckst und vor den anderen zurückziehst. Bei deinen Gesprächen beim Kaffee, die du nicht mit allen gleich führst. Bei deinen Gedanken über jene, die anders leben als du, anders denken, anders glauben. Wenn wir die Gemeinde sein wollen, in der nichts ausser Christus wichtig ist, dann hat das alles keinen Platz mehr. Wirklich keinen Platz mehr. Aber das ist nicht selbstverständlich und auch nicht einfach: Augen, Hände, Kaffeegespräche, Gedanken: Wer könnte sie kontrollieren? Du kannst es, denn du sollst, denn du musst, denn du willst. Weil Jesus deine Mitte ist. Wenn Jesus deine Mitte ist.

Amen.

Auf den Kopf stellen
Gottes Urbewegung in 1.Korinther 1

18 Das Wort vom Kreuz ist eine Torheit für die, die verloren gehen, für uns aber, die wir gerettet werden, ist es die Kraft Gottes. 19 Es ist nämlich geschrieben: Zunichte machen werde ich die Weisheit der Weisen, und die Einsicht der Einsichtigen werde ich zerstören. 20 Wo ist denn da ein Weiser? Wo ein Schriftgelehrter? Wo ein Intellektueller dieser Zeit? Hat nicht Gott die Weisheit der Welt für dumm erklärt? 21 Weil nämlich die Welt, mitten in Gottes Weisheit, durch [ihre] Weisheit Gott nicht erkannt hat, hat es Gott gefallen, durch die Torheit der Verkündigung jene zu retten, die glauben. 22 Während die Juden Zeichen fordern und die Griechen Weisheit suchen, 23 verkündigen wir Christus, und zwar den Gekreuzigten – für die Juden ein Skandal und die Heiden eine Dummheit, 24 den Berufenen aber, Juden wie Griechen, Christus als Gottes Kraft und Gottes Weisheit. 25 Denn das Törichte Gottes ist weiser als [das Weise] der Menschen, und das Schwache Gottes ist stärker als [das Starke] der Menschen. 26 Schaut doch auf eure Berufung, Schwestern und Brüder: Nicht viele sind Weise in den Augen der Welt, nicht viele Mächtige, nicht viele Vornehme. 27 Nein, denn Gott hat das Törichte dieser Welt ausgewählt, um die Weisen zu beschämen, und das Schwache dieser Welt hat Gott ausgewählt, um das Starke zu beschämen, 28 und das Geringe dieser Welt und das Verachtete hat Gott ausgewählt, das, was nichts bedeutet, um zunichte zu machen, was etwas gilt, 29 damit kein Mensch sich selbst rühme vor Gott.

Die Welt gehört auf den Kopf gestellt! Das ist die zugegebenermassen vereinfachte Hauptaussage eines furchtbar komplizierten Textes, und darum stehe ich heute nicht vor euch in der Kirche, sondern hinter euch. Entweder ihr verrenkt euch den Hals oder ihr kehrt euch um, denn ich halte euch heute eine Umkehrpredigt!

Angefangen hat alles damit, dass die Korinther, die Ober-charismatiker der damaligen Christenszene, sich in verschiedene Fraktionen aufteilten: Die einen sind Jünger von Petrus, die anderen Anhänger von Apollos, und wieder andere Getaufte von Paulus (V1,11f). Und dies alles mit der Absicht, sich gegenseitig aufgrund von Herkunft oder Zugehörigkeit zu übertrumpfen. Jetzt muss Paulus die Grundlagen christlicher Existenz klarstellen: Wer so denkt und lebt, lebt noch genau so, wie alle leben in dieser gottlosen oder gottfernen Welt: Wer hat mehr Macht, mehr Geld, mehr Ansehen, mehr weinende Predigthörer*innen? Wer also ist der Grösste?

Gott aber wird der Kleinste und fällt, wie man tiefer nicht fallen kann, bis in den Abgrund des Todes hinein. Und die Frommen, in ihren Bibeln blätternd, schreien *Blasphemie! Gott ist doch gross und stark! So ist es nicht geschrieben, wir wissen schliesslich, wo Gott hockt!* (V23a) Und die Gebildeten erörtern ihre Theorien, wie Gott ist, wer Gott ist, weshalb er tot ist oder gar nie gelebt hat und ohnehin nur eine Projektion unserer falschen Schuldgefühle ist. Und sie lachen, wenn sie an Jesus am Kreuz denken: *Wie kann man nur so dumm sein?*(V23b)

Gott aber lebt vor: Was *ihr* hier in dieser Welt für stark haltet, ist für *mich* schwach. Was *euch* klug erscheint, entlarve *ich* als kollektive Dummheit. Die Welt sagt: Ein Verlierer ist, wer Schwäche zeigt. Gott sagt: Weiter im Leben kommt, wer zu seiner Schwäche steht und sich von mir helfen lässt. Die Welt sagt: Schwach ist, wer Schuld eingesteht. Gott sagt: Stark wird, wer sich seine Schuld von mir vergeben lässt. Die Welt sagt: Angesehen wird, wer sich anstrengt und alles für seine Karriere gibt. Gott sagt: Gerne sehe ich auf die, die nicht nur für sich selbst schauen. Die Welt sagt: Die Welt verändert, wer sich engagiert, wer sich durchsetzt, wer führt. Gott sagt: Veränderung beginnt dort, wo du nicht auf die Defizite anderer schaust, sondern dich von mir verändern lässt. Die Welt sagt: Einer muss es machen, einer muss den Kopf hinhalten, einer muss endlich aufräumen. Gott sagt: Ich habe den Kopf hingehalten, das

Wichtigste ist bereits geschehen, orientiere dich am Kreuz Jesu und nicht am Thron der Welt. Das Kreuz Jesu ist die Umwertung aller Werte. Und wer Gott entdecken will, musst du die Welt auf den Kopf stellen. Sonst sieht man immer wieder nur sich selbst als perfekt funktionierendes Rädchen in der Weltmaschinerie. (V21.22)

Die Korinther werden gestaunt haben, als sie diesen Sermon lasen. Muss es immer so kompliziert sein, so anders, so nicht wie immer? Ja, denn so ist Gott. Paulus führt Belege für seine Behauptung an: *Schaut euch selbst an!* (V26) Die meisten der Korinther sind Sklaven, Arbeiter oder einfache Händler. Hat Gott die Weisen, Reichen und Angesehenen berufen? Er sucht das Arme und Schwache, wie er selbst ja auch arm und schwach geworden ist. Denn hier unten liegt die wahre Kraft, der wahre Reichtum, die wahre Weisheit. Und diese Option für das Geringe zeigt Gott nicht erst am Kreuz. Wer wird Mensch und sterblich? Wer spricht mit Zöllnern, Prostituierten, dem Abschaum der Gesellschaft? Wer berührt Lepröse, wer stellt sich vor Kinder und Ehebrecherinnen? Wer ist der Arzt, den die Gesunden nicht brauchen, der Vater, der den lasterhaften Sohn in die Arme schliesst? Gottes Option gilt dem Geringen, dem, was unten ist (V27.28).

Gottseidank gehören auch wir zu den Geringen, den Armen und Schwachen, und damit auch zu Gott. Oder sehe ich unter uns Doktorhüte, Mercedesfahrer und Hausbesitzer? Gehören wir am Ende etwa gar nicht zu den Erwählten? Nein, wir gehören nicht dazu, denn wir – oder die meisten von uns – sind weder arm noch schwach, sondern reich und stark. Gott aber zieht es hinab, an uns vorbei. Allerdings wird er uns wahrscheinlich auf seinen Zug aufspringen lassen, sofern wir unsere Welt auf den Kopf stellen. Und das hiesse einzusehen, dass uns unsere eigene Kraft zu Macht und Ansehen führt, nicht aber zu Gott; dass uns unsere Intelligenz vieles erkennen lässt, nicht aber Gott; dass unser Reichtum das Leben einfacher macht, nicht aber unseren Glauben. Wahrhaft dumm ist, wer nur auf sich vertraut, und weise, wer sich Gott anvertraut. Wahrhaft schwach ist, wer sich über Leistung definiert, und stark, wer seine Kraft von Gott bezieht. Wirklich arm ist, wer sein Geld, seine Aktien und seine Häuser zählt, und reich, wer um den Frieden Gottes in seiner Seele weiss (V20.21).

Die Welt steht Kopf, wenn wir das Kreuz ernst nehmen, wenn uns Gott wirklich wichtig ist, wenn wir Glauben nicht nur als Feigenblatt benutzen, um im letzten Stündchen nicht hoffnungslos zu sein. Und die Welt muss Kopf stehen, zuerst unsere eigene und dann der Rest, wenn wir wirklich Methodist*innen sind, die Jesu Liebe in diese verkehrte Welt hineintragen. Paulus fragt die Korinther: Wie könnt ihr das Kreuz ernst nehmen und euch aufführen wie die Heiden, die noch nie von Jesus gehört haben? Und ich frage euch Zürcher*innen: Wie könnt ihr mir bis hierher ohne Unterbrechung zuhören, ohne zu ahnen, dass ich nicht ohne die deutliche Aufforderung zum Kopfstand Amen sagen werde? Die kommt nämlich gerade jetzt.

Vielleicht zuerst noch dies: Ich weiss, das alles ist nicht einfach. Und ich behaupte in keiner Weise, dass ich aus grosser Erfahrung spräche oder ein Vorbild sei. Aber wenn das Kreuz nicht bloss ein Zwischenfall ist, nach dessen Behebung die Welt wieder so funktioniert wie eh und je, dann bleibt uns nichts anderes übrig als eine gehörige Portion jesuanischer Radikalität und paulinischer Nachfolge.

1. Solange du Sachen kaufst und Dinge tust, um von anderen angesehen zu werden, und sei es auch ein nobler Dienst wie der Kirchenkaffee, siehst du, wie im Spiegel, immer nur dich selbst, gross und prächtig, nicht aber Gott. Wer zuoberst sein will, muss nach ganz unten, sagt Jesus. Wie wahr, lieber Jesus. Was also tust du, und weshalb tust du es? Bist du das Rädchen im Weltgetriebe oder der Knüppel in seinen Speichen? 2. Wenn du nicht mindestens einmal im Tag aus tiefster Seele zum Himmel seufzt *Herr, ich kann das nicht alleine, ich brauche deine Hilfe!,* dann läufst du Gefahr, wieder aus eigener Kraft und eigener Weisheit zu leben. Das ist nicht per se ein schlechtes Leben, aber es ist kein Leben mit Gott, vor Gott oder aus Gott.

Noch immer befiehlt die Welt dir deinen Tag. 3. Wo du die Welt nicht aktiv auf den Kopf stellst, bleibt sie dominant. Man kann nicht passiv Christ*in sein, auch nicht mit den besten Absichten, irgendwann übernimmt die Welt wieder. Falle dem Rad in die Speichen, setz dich ein für Jesus, für die Armen, die Geringen. Nimm den Raubtierkapitalismus nicht einfach hin, auch nicht die rücksichtslose Globalisierung, nicht die Raketen von Trump und Hamas, nicht die Ertrunkenen im Mittelmeer, nicht Neonationalisten und nicht Ausbeuter in China und der Schweiz. Gott hat die Welt verändert, damals am Kreuz. Das, nur das, ist unsere Ausrichtung.

Amen.

Verdichtete Zeit
Gottes Uhr in 1.Korinther 7

29 Dies aber sage ich euch, liebe Schwestern und Brüder: Die Zeit drängt! Und drum soll, wer eine Frau hat oder einen Mann, so sein, als hätten sie nicht. 30 Und wer weint, als ob er nicht weinte, und wer sich freut, als ob sie sich nicht freute, und wer kauft, als ob er nicht besitzen würde, 31 und wer sich auf die Welt einlässt, als liesse sie sich nicht ein. Denn das Wesen dieser Welt vergeht. 32 Ich will aber, dass ihr ohne Sorge seid. 1Ko 7,29ff csm

Die Zeit drängt! Wer wählt schon einen solchen Text aus zu Beginn eines neuen Jahres, das noch keine drei Tage alt ist? Aber dieser Text scheint mir so aktuell zu sein, dass ich ihn ganz bewusst an den Anfang stellen will. Wenn Paulus von der Zeit spricht, die drängt, dann meint er nicht Eile. Die Zeit drängt ihn, denn er sieht die Not der Menschheit und die Konflikte in der Gemeinde, und er ist sich sicher, dass diese Welt ein Ende nehmen wird. Es geht ihm jedoch nicht um eine Vorhersage des Weltuntergangs, es geht ihm um das *Gewicht des Augenblicks*. Wörtlich sagt Paulus: Die Gegenwart ist verdichtet – nicht die Ausdehnung der Zeit steht im Vordergrund, sondern ihre Bestimmtheit, oder eben: das Gewicht des Augenblicks.

Solche verdichteten Momente ereignen sich gelegentlich im Leben: Wenn ein Kind geboren wird, wenn die Liebe frisch und intensiv ist, wenn Entscheidungen anstehen, die kaum zu fällen sind. Wenn nach einem Jahr der Pandemie aller Augen auf den Fallzahlen und der Impfstatistik ruhen. Was soll man tun? Wie verhalte ich mich *jetzt*, welche Strategie wähle ich, um möglichst unversehrt in die Normalität zurückzukehren? Verdichtete Zeit.

In solchen Momenten gilt kirchlicherseits meist: Rückzug aus der Welt, Vorbereitung auf den Untergang, treu bleiben, ausharren, nicht abfallen. Und der Sektengeruch macht sich unüberriechbar breit. Nicht so bei Paulus:

Lieben, weinen, sich freuen, kaufen, sich auf die Welt einlassen. Eine Zusammenfassung des ganzen Lebens, und so sollen seine Korinther*innen leben, auch wenn die Zeit drängt. Keine Rede von Weltflucht, sondern von gewohntem Alltag. Ausser: *als ob nicht.* Also doch Doppelleben, Trennung von Welt und Glaube und Rückzug in den geistlichen Bunker? Ich glaube nicht, dass Paulus das meint. Es geht ihm darum, in der verdichteten Zeit dem Bedeutung zu verleihen, was echtes Gewicht hat. Liebe und Beziehungen und Sexualität sind wichtig, aber auch sie gewähren nicht letzte Erfüllung. Das Leid und die Trauer in dieser Welt und diesem Leben sind real, aber doch nicht gross genug, als dass die Tränen ewig fliessen müssten. Freude herrscht immer wieder, aber der wahre Grund zur Freude findet sich nicht in dieser Welt. Und kaufen soll man, was gut und sinnvoll ist, aber die letzte Definitionsmacht über unser Leben gehört nicht den Dingen, die wir haben oder haben wollen oder so dringend zu brauchen meinen, dass sie uns unentbehrlich werden.

Ich bin ganz Mensch, ganz von dieser Welt und in dieser Welt und an die Möglichkeiten dieser Welt gebunden. Und trotzdem ganz aus Gott geschaffen und in Gott geborgen, und nichts von dem, was mich freut oder bedrängt, was ich habe oder wonach ich mich sehne, kann mich so bestimmen, wie Gott mich bestimmt. Das stimmt zwar immer, aber in verdichteten Zeiten fällt es mir besonders auf, weil ich es angesichts der Enge, gegenwärtig oder künftig, zu vergessen drohe, um mich in meinen Sorgen aufzulösen. Es braucht zuweilen eine Krise, damit ich mir über mein wahres Fundament Gedanken mache.

An anderer Stelle sagt Paulus dasselbe, wenn auch unter verkehrten Vorzeichen: *8 Als Verführer werden wir [verleumdet], und doch sind wir wahrhaftig, 9 wie Unbekannte [behandelt], und doch sind wir wohlbekannt, wie Sterbende, aber schaut: Wir leben! Wie Geschlagene, und doch nicht dem Tod geweiht, 10 wie Trauernde, und doch immer voller Freude, wie Bettler, die aber viele reich machen, wie Habenichtse, die trotzdem alles besitzen. (2Ko 6,8f).* Paulus verleugnet seine Not nicht, die Zeit ist und bleibt gedrängt, und der Glaube allein löst weder Konflikte noch Verfolgung noch Pandemien. Aber selbst wenn alles schief läuft, in grösster Bedrängnis, sind wir doch nicht zerbrochen. Denn es gibt immer mehr, viel mehr als das bloss Sichtbare. Es gibt die Realität Gottes, in der Tränen trocknen und wahre Freude, wahre Beziehungen entstehen, es gibt die andere Seite unseres Lebens, in der Lüge, Trauer, Gewalt und Tod keine Macht haben und keine Rolle spielen. Und das nicht erst in der Ewigkeit, sondern hier und jetzt. Es ist diese Realität, die Paulus als die wesentliche für sein Leben erkennt und bestimmt.

Wie? Wie kann Paulus dieses *als ob nicht* behaupten, wo er doch stets Ärger hat mit seinen Gemeinden, in der Kirche umstrittene ist und Hunger, Kälte, Gefängnis und Folter am eigenen Leib erfährt? Sind solche Aussagen nicht gefährlich, Ausdruck einer Phantasiewelt, einer Projektion? Verdrängt Paulus die Realität, leidet er gar an einem Realitätsverlust?

So kann man es sehen. Aber wenn man liest, was Paulus sonst noch schreibt, hat man nicht den Eindruck, er haben den Sinn für die Realität verloren. Im Gegenteil: Ich kenne niemanden, der die Realität klarer und genauer durchschaut als er. Paulus verfügt über eine *erweiterte Optik,* die ihm sein langes spirituelles Leben zugute kommen lässt. Er ist fest verwurzelt in der jüdischen Tradition, tief verbunden mit dem Heiligen Geist, eng umschlungen von der Liebe Gottes in Christus, und dies schon so lange und so intensiv, dass nichts ihn davon zu trennen vermag.

Man könnte nun einwenden: Solchen Glauben hätte auch ich, wäre mir Christus je begegnet wie damals Paulus vor Damaskus, als er ihn aus dem Sattel warf und unzweideutig klar zu ihm sprach. Ich gebe zu: Hier hat Paulus einen geistlichen Vorteil. Aber ist es denn so, dass Jesus dir noch nie begegnet ist? Vielleicht nicht so wie Paulus, sondern so, wie es *dir* entspricht und wie er *dich persönlich* erreichen konnte. Letztlich geht es nicht um *Erlebnisse,* denn die sind spirituell meist kurzatmig – ein tiefes Gefühl, eine geistige Klarheit, aber am nächsten Tag sind beide verschwunden. Es geht um *geistliche Erfahrung,* in der alles, was du erlebt und erduldet, gedacht und geglaubt hast, zu einem Ganzen verdichtet ist. All deine Begegnungen mit Gott, alles, was deine Beziehung mit Jesus ausmacht, dein ganzes Leben auf den Punkt gebracht – das ist deine spirituelle Erfahrung. Auch Paulus musste sich diesem Prozess unterziehen, nach seiner Bekehrung hat es mehr als zwanzig Jahre gedauert, bis er die Korintherbriefe schrieb. Vielleicht ist es kein Zufall, dass auch Jesus erst mit dreissig Jahren an die Öffentlichkeit trat.

Das Leben zu geistlicher Erfahrung verdichten braucht Zeit. Aber es ist der einzige Weg, wie der Glaube in engen Zeiten nicht umfällt wie ein schlecht verwurzelter Baum im Sturm. Diese Erfahrung ermöglicht es Paulus, zu weinen und doch nicht zu verzweifeln, zu kaufen und doch nicht zu behalten, geschlagen zu werden und doch nicht unterzugehen. Verdichtetes Leben in einer drängenden Zeit.

Liebe Schwestern, lieber Brüder: Das letzte Jahr war anstrengend, auch in geistlicher Hinsicht, und bevor es Tag wird und das Licht wieder hell und warm, wird es noch eine Weile dunkel und kalt bleiben. Es ist mir wichtig, dass wir weder als Gemeinde noch als Einzelne in dieser Zeit Schaden nehmen, und ich bin überzeugt, dass die Worte des Paulus uns dabei helfen. Sie sind voller Realitätssinn, voller Hoffnung, voller Erfahrung.

Und so möchte ich dir drei paulinische Hinweise für das kommende Jahr mitgeben: 1. Wo stehst du im Verdichtungsprozess deines geistlichen Lebens? Bist du festgefügt und tief in Gott verwurzelt? Oder suchst du Gott und hast das Gefühl, ihn noch immer nicht gefunden zu haben? Dieser Prozess hat mit biographischer Arbeit zu tun, mit Entdeckungen und Zusammenhängen, die plötzlich Sinn ergeben, mit Dankbarkeit und manchmal auch Trauer. Manchen gelingt er alleine, die meisten brauchen Führung und Begleitung. Wo stehst du? Braucht es einen nächsten Schritt – und wenn ja: welchen? 2. Was kaufst und brauchst und liebst und lachst du in deinem Leben – und wie sehr bindet es dich an eine Welt, die vergeht? Was bestimmt dich letztlich und wirklich? Sind deine Füsse verankert in dem, was du hast und tust und bist in dieser Welt – oder zum Sprung bereit, mit Händen, die nicht klammern, nicht einmal am Guten und Wertvollen? Solche Fragen werden oft erst dann aktuell, wenn die Zeit drängt. So wie jetzt. 3. Und wenn es gerade sehr drängt und du gefährdet oder krank bist, verlassen und abgeschlagen: Stehst du noch auf einem soliden Fundament, oder wankt der Boden und das Leben zerfliesst dir zwischen den Händen? Wie hast du früher in solchen Situationen reagiert? Wie reagierst du jetzt, da die kommenden Monate vieles infrage stellen, was dir wichtig ist und dich ausmacht? Wovon zehrst du?

Die Zeit drängt, sagt Paulus. Aber er sagt auch: *Ich möchte, dass ihr ohne Sorge seid. Denn das, was hinter dem Vorhang verborgen ist, ist viel stärker und geht viel tiefer als alles, was ihr euch vorstellen könnt. Davon lebt, darin, damit.*

Amen.

Versöhnt und gefordert
Christliche Gleichzeitigkeit in 2.Korinther 5

18 Alles aber kommt von Gott, der uns durch Christus mit sich selbst versöhnt und uns den Dienst der Versöhnung gegeben hat, 19 wie ja Gott in Christus die Welt mit sich selbst versöhnte, indem er ihnen ihre Übertretungen nicht anrechnete und in uns das Wort der Versöhnung legte. 20 Für Christus nun sind wir Gesandte, indem Gott gleichsam durch uns aufruft; wir bitten für Christus: Lasst euch versöhnen mit Gott!

Das ist doch kaum zu glauben: Jetzt hält uns Paulus auch noch vor, nicht versöhnt zu sein! Dabei sind wir doch alle versöhnt, das haben wir oft genug gehört und glauben es auch. Wer würde sich als unversöhnt bezeichnen? Ein Raunen mit folgendem Erdbeben ginge durch die Kirche.

Ein weiser Seelsorger hat mir einmal erzählt, dass jeder Mensch rote Knöpfe hat, von denen er in der Regel gar nichts weiss, aber wenn jemand sie drückt, klebt der Knopfbesitzer an der Decke. Es sind die wunden Punkte in unserem Leben, die wir nicht verarbeitet haben, die als schwarze Löcher in der Seele lauern. Sobald sie aktiviert werden, ballt sich die Faust und schaltet sich der Notfallmodus ein. Letzte Woche hat mich eine fromme Politagentin des Nein-Komitees zur Erweiterung der Rassismusstrafnorm angerufen und mich überzeugen wollen, dass man das Anliegen ablehnen müsse, damit «unsere Pastoren geschützt werden». Damit sie wohl weiterhin ungehindert Lesben und Schwule von der Kanzel direkt in die Hölle bannen dürfen. Ich musste mich beherrschen am Telefon, und die Stimme bebte mir. Diese Agentin hat einen meiner roten Knöpfe gedrückt, und das Schlimme ist: Ich weiss nicht einmal, welchen. Ja, ich bin versöhnt, aber ich trage diese Unversöhntheitsknöpfe trotzdem in mir.
Weitere Knöpfe: Jemand behandelt dich abschätzig, und du erinnerst dich an deine Familie, in der es stets so zu und her

gegangen ist. Jemand erzählt von ihrer Beziehung und dir kommen die Tränen, weil du dich noch immer nach Liebe sehnst, obwohl du dachtest, das habest du hinter dir. Du schaust einen Film, der von Schuld und Vergebung handelt und dir wird schlagartig bewusst, dass deine Schuld nicht für ewig vergraben bleiben wird. Wir sind eben doch nicht so versöhnt, wie wir es dachten. Weder mit uns selbst, noch mit unseren Mitmenschen, und auch nicht mit Gott.

Vielleicht ist es besser, wir lassen uns von Paulus, dem grossen Seelenkenner, etwas gesagt sein zum Thema. Die Wortbedeutung von *Versöhnung* ist im Griechischen eine andere als im Deutschen, sie hat weder mit *Sohn* noch mit *Sühne* zu tun, sondern mit *wechseln, umdrehen, verändern* und meint zB. *Geld wechseln* oder übertragen *Beziehungen zum Guten hin verändern.* Paulus geht auch bei uns von einer Störung der Gottesbeziehung aus. Aber statt uns zu ermahnen, uns zu bessern, verkündigt er Versöhnung, die von Gott ausgeht. *Gott* versöhnt, obwohl *wir* sündigen, *Gott* löst das Problem, das *wir* haben. Und darum versöhnt Gott *uns* mit *sich* und nicht *sich* mit *uns.* Das ist ein wichtiger Unterschied, der zeigt, wo das Problem liegt: bei uns (V18).

Gottes Versöhnung geschieht, weil Gott will, und nicht, weil er muss. Das Alte Testament ist voller Aufrufe zur Versöhnung und entsprechenden Opfervorschriften, der Mensch wüsste nur zu gut, was er zu tun hat. Aber offenbar bleibt er unversöhnlich, und darum handelt Gott, aus Liebe und Erbarmen. Er allein schafft Versöhnung, und sie gilt *der Welt*, gr. *kosmos,* und das bedeutet: allem. Er versöhnt nicht bloss die Versöhnlichen, die darum bitten, er versöhnt die ganze Welt, das Universum, alles, alle, jede und jeden. Und wer es wagt, in der Kirche zu verkündigen, Versöhnung gelte allein denen, die Versöhnung auch dankbar annehmen, der hat keine Ahnung von Versöhnung. Wo Welt draufsteht, ist auch Welt drin (V19). Versöhnung bloss als Angebot setzt den Menschen unter Druck und nimmt nicht ernst, dass es Gott ernst ist. Denn Versöhnung gilt nicht nur dem Universum, sie ist auch bereits geschehen: *Gott hat versöhnt,* zweimal (V18.19). Die Versöhnung des Univer-

168

sums, die aus lauter Liebe von Gott allein ausgeht, ist eine Tatsache, die gilt und nicht mehr in Frage gestellt wird. *Als wir noch Feinde waren, hat Gott uns versöhnt,* heisst es im Römerbrief (Rö 5,7). So ernst ist es Gott, und so radikal verkündigt Paulus diese Versöhnung.

Spätestens jetzt wirst du fragen, weshalb Paulus überhaupt noch zur Versöhnung aufruft, wenn sie doch längst geschehen ist (V20). Eine gute Frage! Es bleibt: Versöhnung ist geschehen und gilt. Es gilt aber auch: *Lass dich versöhnen (V20)!* Paulus weiss, dass Versöhnung geschehen ist, aber er weiss auch – aus eigener Erfahrung auf dem Pferd vor Damaskus –, dass Versöhnung nichts bringt, wenn man sich nicht darauf einlässt. Und was gilt jetzt?

Nun haben wir den Salat: Es gilt nämlich *beides.* Aus lauter Liebe hat Gott bereits alles für dich getan: Du bist versöhnt, es braucht keine weiteren Schritte. Aber all das bringt nichts, wenn du Versöhnung nicht aktiv annimmst und zu deiner Lebensmitte machst. Das scheint paradox zu sein, und das ist es auch. Es hat damit zu tun, dass wir Zeit und Raum unterteilen: vorher - nachher, hier - dort, mein - nicht mein. Vor Gott aber ist alles eins, und was wir für unvereinbar halten, darüber kann Gott nur lächeln.

Was heisst es nun, wenn Versöhnung bedingungslos gilt, aber auch völlig wertlos ist, wenn du sie nicht annimmst? Es heisst *auf der einen Seite,* dass du versöhnt bist, reich beschenkt und frei. Du lebst *aus* Versöhnung. Gott nimmt deine Schuld weg, nichts trennt dich von ihm. Er schaut in deine Seele: Wer du wirklich bist, ist für ihn wichtig, nicht der oder die, zu der du geworden bist oder zu dem du dich gemacht hast. Worüber du unsicher bist und was dich in tiefe Zweifel stürzt, das ist für Gott längst gut. Sorge dich darum nicht, ob du alles richtig machst: Für Gott ist es in Ordnung. Freue dich vielmehr über dieses Geschenk, diese Liebe, diese offenen Arme Gottes, der dich einfach annimmt, wie du bist. Wir Menschen sehen oft nur unsere Kanten und Ecken, Gott aber hat ein abgerundetes Bild von uns. Hier sind wir beim Kern des Evangeliums: Jesus kommt zu uns, nicht wir zu ihm, er schliesst uns in die Arme, er zwingt uns nicht in die Knie, er spricht uns Liebe und Vergebung zu ohne vorherige Beichte. Das, liebe Brüder und Schwestern, das ist Leben aus Versöhnung.

Und es heisst auf der anderen Seite, dass nichts wichtiger ist, als diese Versöhnungskraft in dein Leben zu integrieren: Leben *zur* Versöhnung. Nicht aus Angst, nicht weil du musst, nicht weil Gott dich sonst nicht mehr liebt. Sondern weil wir sie brauchen, weil sie uns gut tut, weil wir vieles mit uns mittragen, was unser Leben einschränkt. Versöhnt zu sein heisst nicht automatisch, auch versöhnt zu leben. Denken wir zurück an die roten Knöpfe, die uns an die Decke treiben. Was sind denn deine Knöpfe? Wo ballst du innerlich die Faust? Lass Jesus hier an dir arbeiten und finde Versöhnung *mit dir selbst,* deiner Geschichte, deiner Familie. Du sollst frei sein und Frieden finden. Jesus will das in dir bewirken: Durch Gebet, durch Gespräche, durch Therapie. Er hat viele Wege. Und wer versöhnt ist mit sich selbst, kann sich versöhnen *mit den anderen,* die enttäuscht sind über dich, die sich verraten fühlen von ihr oder die dich einfach nicht mögen. Gottes Kraft in dir ist nie nur für dich, sie ist immer auch für andere. Das ist der *Dienst der Versöhnung:* Es geht über dich hinaus in die Welt, die dich dringend nötig hat (V18.20). Sie braucht nicht noch mehr selbstherrliche Egomanen und milliardenschwere Narzissten, wie wir sie täglich auf den Titelseiten der Medien sehen. Sie braucht dich: Das versöhnte Kind Gottes, das zu sich steht, gerade auch zu seinen Schwächen, die in Gott geborgen sind, und das diese Versöhnungskraft, dieses lebensfreundlich Ja Gottes für seine Schöpfung in den ganzen Kosmos hinausträgt. Bitte vergiss nie: Es gilt beides zugleich! *Versöhnung gilt bereits ganz – und es ist ganz wichtig, dass du lernst, versöhnt zu leben.*

Zum Schluss drei Fragen, die ich dir gerne zum Weiterdenken mitgeben möchte. 1. Kannst du das glauben: Du bist bereits versöhnt? 2. Wo fühlst du Wut, Enttäuschung, Angst – auch Gott gegenüber? Das ist der Ort deiner Versöhnung. 3. Wer fällt dir ein, wenn du an Versöhnung mit anderen denkst? Und welche Schritte?   Amen.

6 Zum Schluss

Nicht nur Trost
Freitagsdemonstrationen in Offenbarung 11

[15]Und der siebte Engel blies die Posaune: Da ertönten im Himmel laute Stimmen, die riefen: Nun gehört die Herrschaft über die Welt unserem Herrn und seinem Gesalbten, und er wird herrschen von Ewigkeit zu Ewigkeit. [16]Und die vierundzwanzig Ältesten, die vor Gott auf ihren Thronen sitzen, fielen nieder auf ihr Angesicht und beteten zu Gott: [17]Wir danken dir, Herr, Gott, Herrscher über das All, der da ist und der da war, dass du deine grosse Macht ergriffen und die Herrschaft angetreten hast. [18]Die Völker sind zornig geworden, doch da ist dein Zorn gekommen und die Zeit, die Toten zu richten und den Lohn zu geben deinen Knechten, den Propheten und Prophetinnen, und den Heiligen und denen, die deinen Namen fürchten, ob klein oder gross, und jene zu zerstören, die die Erde zerstören. [19]Und es tat sich auf der Tempel Gottes, der im Himmel steht, und die Lade seines Bundes wurde sichtbar in seinem Tempel. Und es entstand ein Getöse, Blitz und Donner, Erdbeben und heftiger Hagel.

Am Ende des Tunnels scheint ein Licht und weist den Weg. Wer hat diesen Spruch noch nie gehört – und wer hätte sich darüber noch nie aufgeregt? So einfach, so simpel, so kitschig. Und doch: Wer tatsächlich in einem stockdunklen Tunnel steht und die Orientierung verloren hat, der wird sich nichts sehnlicher wünschen als dieses Licht. Davon handelt unser Text.

Er stammt aus einer Reihe von Offenbarungsgeschehnissen, die jeweils mit dem Blasen einer Posaune (nicht im modernen Sinne, sondern in Form eines Langhorns) beginnt und Unheil über die Erde bringt. Jetzt wird die siebte und letzte Posaune geblasen, worauf Stimmen in einen Lobpreis einstimmen. Es sind himmlische Stimmen, also die von Engeln und von bereits auferweckten Seelen, und im Mittelpunkt stehen die 24 Ältesten, das ist sozusagen der

Thronchor Gottes, die Crème de la Crème der Heiligen. Sie preisen Gott, dass er endlich eingreift und dem wütenden Treiben der Menschen ein Ende setzt, um jene, die im Glauben treu geblieben sind, zu retten – wörtlich *belohnen,* gemeint ist wohl, ihnen das ewige Leben zu schenken. Und Gottes Zorn wird sich über jene entladen, die die Erde zerstören. Nach dem Lobpreis offenbart sich Gott: Im Himmel wird seine Lade sichtbar – sie ist ein Symbol für seine Gegenwart, und über die Erde ergeht ein riesiges Donnerwetter. Die Kurzfassung des Jüngsten Gerichts.

Auch wenn es blitzt und donnert, es bleibt eine Vision der Hoffnung. Das Leid der Vielen wird ernst genommen, das Unrecht vieler nicht verschwiegen und auch nicht hinwegversöhnt, sondern beim Namen genannt und gerichtet. Der Ungerechtigkeit, dem Töten, der Zerstörung setzt Gott endlich ein Ende. Er selbst setzt sich für die ein, die sich für ihn eingesetzt haben.

Die Offenbarung des Johannes ist in einer Zeit grosser Verfolgung geschrieben worden für Menschen in Not und Elend, und sie sollen hören, dass das Elend nicht heute und wohl auch nicht morgen beendet sein wird – dafür stehen die ersten sechs Posaunen –, aber eines Tages wird die letzte Posaunen erschallen und das Leid ein Ende nehmen. Was von aussen betrachtet als simple Vertröstung auf später verstanden werden kann, ist inmitten grösster Not ein Lichtblick am Horizont, noch nicht greifbar, aber sichtbar, ein Orientierungspunkt, auf den es sich zu fokussieren lohnt, ein Grund, auszuharren und auszuhalten und weiterzuleben.

Ein Text des Trostes und der Hoffnung, wie ich sie dir wünsche, wenn du in diesem Tunnel stehst. Dein Geschäft oder deine Beiz steht kurz vor dem Corona-Konkurs; deine Gesundheit hängt an einem seidenen Faden und du wartest voller Bangen auf guten Bescheid; dein Leben dreht sich seit vielen Monaten im Kreis und ein Ausweg ist nicht in Sicht. Dann reihe dich ein in den Kreis der *Propheten und Prophetinnen, der Heiligen und denen, die deinen Namen fürchten, ob klein oder gross.* Dieser Text ist nicht der

Fahrplan Gottes, den er auf die Sekunde genau einhält, er ist kein Zauberspruch, der alles Leid verschwinden lässt, und er ist kein Vertrag, den du Gott unter die Nase halten kannst, damit er deinen Forderungen endlich nachkomme. Er ist seine Zusage an dich, auch dich und deine Not zu sehen. Er will an dir arbeiten und an deiner Hoffnung, er ist das Licht, das ein Ende verheisst. Lass ihn wirken an dir und in dir, und finde Trost und Frieden und Hoffnung.

Das ist die eine Seite der Geschichte und der erste Teil der Predigt. Es folgt ein weiterer. Ich habe gesagt, dass dies ein Text der Hoffnung und des Trostes sei, und das stimmt. Implizit höre ich aber auch eine Drohung: Wenn dem Bösen ein Ende gesetzt werden soll, geht es meist nicht friedlich zu und her. Und wo den Opfern Leben zugesprochen wird, da droht den Tätern das Gericht. Das ist nicht die Hauptaussage dieses Textes, aber es ist seine Schlagseite.

Wir sind in der Regel nicht die, welche Christ*innen verfolgen. Aber in V18 höre ich eine sehr unangenehme Aktualität: *Jetzt ist die Zeit, jene zu zerstören, die die Erde zerstören (V18)*. Mit *Erde* ist hier das Land gemeint, der Erdboden, die Natur im weitesten Sinne. Zerstörer des Bodens – und die Perspektive verschiebt sich von den Opfern zu den Täter*innen. Zu *uns* als Täter*innen. Sicher gibt es unter uns auch ein paar Klimaneutrale, aber Heerscharen werden es nicht sein. *Zu zerstören, die die Erde zerstören.*

Es mag sein, dass ich übertreibe. Es mag sein, dass ich den Text zurechtbiege. Es mag sein, dass ich nicht zwischen den Zeile lese, sondern im luftleeren Raum. Aber es kann auch sein, dass Gott uns nicht nur als die anspricht, die Heil und Trost erhalten sollen, sondern auch als Täter*innen. Ich habe mir angewöhnt, bei Stellen, die mir im Hals steckenbleiben, nicht weg-, sondern genauer hinzuschauen. Und ich sehe: Gott ist es ernst, er sorgt sich nicht nur um seine Menschen, sondern auch um den Rest seiner Schöpfung. Und ich weiss: Auch ich gehöre zu den Zerstörern, die zerstört werden sollen.

Wird Jesus mich am jüngsten Tag in die Hölle werfen? Verdient habe ich es, zweifelsohne, und wir sprechen erst von der Zerstörung der Erde, von der Mitverantwortung an Hunger und Ungerechtigkeit war noch gar nicht die Rede (und soll es heute auch nicht sein). Und trotzdem: Ich halte daran fest, dass nichts mich trennen kann von der Liebe Jesu, nicht einmal meine ärgste Sünde. Noch einmal Glück gehabt? Ja und nein. Ja, aber mit Glück hat das nichts zu tun, sondern mit Gnade und Liebe und völlig unverdienter Vergebung. Und nein: Ich sehe Jesus vor mir, mit ausgebreiteten Armen, um mich zu umarmen, aber ich sehe auch seine Hände mit den Wundmalen, aus denen das Blut noch immer tropft, und ich weiss: Er blutet wegen mir.

Darum ein dreifaltiges Plädoyer, trotz Gnade und Vergebung mit dem Zerstören des Landes endlich, endlich aufzuhören. 1. Der Sohn: Wenn ich dereinst vor Jesus stehe und er mit mir mein Leben anschaut, dann möchte ich folgende Fragen nicht oder zumindest nicht immer hören müssen: Was hast du dir dabei gedacht, als du mit deinem Motorrad durch die Welt gedonnert bist und CO_2 in unglaublichen Massen in die Luft getrieben hast? Wieso bist du mit dem Flugzeug übers Wochenende nach London, Berlin oder Venedig geflogen, wo du den Zug hättest nehmen können? Wie konntest du zu faul sein, deine Alu-Kaffeekapseln zu rezyklieren? Undsoweiterundsofort. Wollen wir unsere Jesusbeziehung mit solchen Fragen belasten, jetzt und dann? Und sei gewiss: Das wird er dich auch und auch dich fragen! 2. Der Vater: Wir nennen Gott unseren Vater und wissen, dass jedes Blatt, jeder Fisch und jede Mikrobe aus seiner Hand stammen. Und behandeln die Schöpfung, als gäbe es kein Morgen und als ob die Fische gerne an unserem Müll erstickten. Wie können wir Gott Schöpfer nennen und ihm mit dem, was wir tun und wissentlich unterlassen, mitten ins Gesicht spucken? Wir Christ*innen haben das Privileg, Gott persönlich zu kennen, aber wir haben nicht das Privileg, sein Werk persönlich zu zerstören. 3. Der Geist: Wer, wenn nicht wir, hat die Kraft, die Welt zu verändern? Die Zerstörung der Schöpfung ist in fast allen Fällen eine Frage der Bequemlichkeit und des Unwillens zu verzichten: Das Auto statt das Tram in den

Gottesdienst, billige Chinaware statt bessere und ökologischere Qualität, der Städtetrip statt der Wanderung. Weshalb soll ich verzichten, ich lebe doch nur einmal? Weshalb ich, wenn die anderen auch nicht verzichten? Der Flieger fliegt ja auch ohne mich, und wenn ich das Billigfleisch nicht esse, wird es einfach weggeworfen. Wer hat den Geist – den Geist der Weisheit, der uns sinnvolles Handeln zeigt – den Geist der Wahrheit, der unsere billigen Lügen aufdeckt – den Geist der Zurückhaltung, der uns hilft zu verzichten? Wer, wenn nicht wir? Etwa die Armen in Mexico, die auch sonst nichts haben? Müssen etwa sie uns zum Vorbild an Verzicht werden? Wer, wenn nicht du – auch das eine Frage, die Jesus dir stellen wird.

Ein Text, eine Predigt, zwei Teile – möge der Gott der Weisheit und der Wahrheit dich das bewahren lassen, was du hören und beherzigen sollst.

Amen.

maranatha – bitte warten
Zum Schluss den Schluss aus Offenbarung 22

20 Er, der dies bezeugt, sagt: Ja, ich komme bald. Amen, komm, Herr Jesus.

Die ersten Christ*innen hatten etwas gemeinsam: Sie trafen sich im Tempel, beteten – und warteten. Sie warteten auf die Rückkehr Jesu, denn sie waren sich sicher, dass er jeden Augenblick kommen wird, so hatte er es gesagt. Und sie riefen: *maranatha - Herr, komm.* So sehr waren sie davon überzeugt, dass sie allen Besitz verkauften und an die Armen verteilten. Sie lebten eine Art Urkommunismus, in dem alles allen gemeinsam war, sie sorgten sich um die Gegenwart und den heutigen Tag. Finanz- und Sparpläne interessierten sie nicht, denn lange konnte es nicht mehr dauern, bis der Herr in Herrlichkeit zurückkommt, auf einer Wolke sitzend, um die Welt zu vollenden. Und dieser naive, aber hoffnungsvolle Glaube war so attraktiv, dass sie jeden Tag mehr wurden. *maranatha - Herr, komm.*

Irgendwann jedoch wurde die Zeit lang, und es ging ihnen das Geld aus: Die Urgemeinde in Jerusalem verarmte. Darum sammelt Paulus in seinen heidenchristlichen Gemeinden eine Solidaritätskollekte für Jerusalem. Das Ausbleiben der Rückkehr Jesu hinderte die Christ*innen jedoch nicht daran, weiterhin an ihrer Überzeugung festzuhalten. Selbst Paulus ist in seinem ersten Brief noch davon überzeugt, dass Jesus noch zu seinen Lebzeiten wiederkommt (1Thess 4,15f). Als aus Wochen Jahre des Wartens werden, verändert sich die Vorstellung: Nicht Jesus kommt zu uns, sondern wir gehen zu Jesus, wenn wir sterben. Auch Paulus denkt so am Ende seines Lebens (Phil 1,23).

Was halten wir von dieser urchristlichen Vorstellung, dass Jesus auf die Erde zurückkehrt, im besten Fall sogar sehr bald? Immerhin sind seit der Auferweckung Jesu schon mehr als hunderttausend Wochen vergangen, und wir warten noch immer. Wir sind uns wohl einig, dass er wahrscheinlich nicht auf einer Wolke sitzend zurückkehrt (Mk 14,62), zumal man auf einer Wolke nicht sitzen kann, wie wir heute wissen. Ich vermute, dass den meisten von uns die Vorstellung der Parusie, wie man die Wiederkunft Jesu nennt, abhanden gekommen oder zumindest nicht sehr wichtig ist. Eigentlich schade, denn sie ist eine der allerersten theologischen und spirituellen Aussagen über Jesus: Gekreuzigt, begraben, auferweckt – und kommt zurück am jüngsten Tag. *maranatha* ist wahrscheinlich das älteste Gebet zu Jesus. Noch bevor man sich klar darüber war, was sein Tod und seine Auferweckung wirklich bedeuten, haben Christ*innen darum gebetet, dass Jesus wiederkommt. Und was ganz am Anfang der christlichen Überlieferung steht, steht auch ganz am Ende: Die letzten Worte des letzten Buches des Neuen Testaments, der Offenbarung des Sehers Johannes, lauten: *Er, der dies bezeugt, sagt: Ja, ich komme bald. Amen, komm, Herr Jesus.* (Off 22,20f) *maranatha*, wie am Anfang, so am Ende.

Seit ich Christ bin, und das sind mittlerweile mehr als 30 Jahre, bewegt es mich tief innen, wenn ich diese Stelle lese. *Ja, ich komme bald.* Ein Wort vom Himmel herab, ein Wort des Auferstandenen direkt an uns, kurz und simpel, und es rührt mich fast zu Tränen. Dabei sagt es gar nichts Neues, nichts, was wir nicht schon längst wüssten: *Ich komme wieder, ich lasse euch nicht allein.* Zur Zeit seiner Niederschrift war Jesus schon Jahrzehnte tot, aber gerade diese Worte treffen mitten ins Herz der christlichen Kirche, die von den Römern aufs ärgste verfolgt wird, die innerlich zerstritten ist, die es kaum mehr glauben kann, dass Gott ihr beisteht. *maranatha* schreien sie jeden Tag, und er antwortet: *Ja, ich komme bald.* So spricht Gott zu den Seinen.

maranatha denke ich, wenn ich Menschen auf der Gasse sehe, Kranke im Spital oder Pflegeheimen, wenn ich die Geschichten der coronabedingt bankrotten Firmen und ruinierten Existenzen überall auf der Welt lese, wenn ich einen lieben Freund sehe, der seinen Kampf gegen den Krebs mit 42 Jahren verliert oder den gegen seine Sucht oder psychische Krankheit auch nach 42 Jahren noch nicht

180

gewonnen hat. *maranatha*, wenn ich die Tagesschau sehe und all die Kriege. *maranatha*, wenn ich daran denke, wie zerstritten unsere eigene Kirche weltweit über der Frage der Homosexualität ist, obwohl die Menschen unserer Zeit gerade von uns Antwort, Sinn und Vision erwarten. *maranatha*, wenn ich Dinge tue, die ich nicht tun sollte, *maranatha*, wenn ich das Vertrauen und die Erwartungen der Menschen dieser Gemeinde enttäuschte und enttäusche. *maranatha* - Herr, komm, lieber heute schon als morgen.

Es ist nicht so, dass ich Todessehnsucht hätte, und es liegt mir auch nicht daran, so bald wie möglich zu Jesus zu gehen, aber ich sehne mich danach, dass er zu uns kommt, in diese Welt und dieses oft so kleinliche Leben, dass er die Welt vollendet, gut macht, wieder und endgültig in Ordnung bringt – *maranatha*. Das ist es, was mich zu Tränen rührt: Die ganze Erde schreit nach Gott und nach Erlösung, und Christus hört diesen Schrei und gibt Antwort.

Ich will unser Leben und unsere Welt nicht schlecht reden oder pessimistisch abwerten. Es geht mir darum, zu verstehen und spirituell nachzuvollziehen, weshalb Christ*-innen seit 2000 Jahren *maranatha* schreien, obwohl sich der Herr seit ebensolchen 2000 Jahren Zeit lässt mit seiner Wiederkehr. Das ist ja eigentlich widersinnig. Aber ich glaube, dass in diesem einen Wort so viel Wahrheit und Tiefe steckt, dass es noch immer Quelle unserer Hoffnung ist, obwohl das, worum es bittet, noch immer nicht eingetroffen ist. Dieses eine Wort birgt den Kern unseres Glaubens: Jesus ist der Herr, die Hauptsache unseres Lebens. Jesus hat den Willen, alles zum Guten zu ändern, und er hat auch die Macht dazu. Und wir, die wir *maranatha* rufen, gestehen damit ein, dass wir am Ende unserer Möglichkeiten sind und seine Hilfe brauchen. Wir bekennen, dass wir von dieser Welt so bedrängt werden, dass wir Jesus dringend brauchen. Und wir bekennen auch, dass wir unsere Verantwortung für das Gute und die Menschen oft so schmählich vernachlässigt haben, dass nur noch Jesus helfen kann.

Vor allem aber bekennen wir, dass wir darauf vertrauen, dass Jesus uns hört: *Ja,* sagt er, *ich komme bald. Ich habe dich nicht vergessen und nicht übersehen. Ich bin nicht planlos und auch nicht machtlos. Ich komme bald.* Diese Zusage, dieses Versprechen zu hören, nur schon zu hören und noch nicht einmal erfüllt zu sehen, das ist Grund für eine Hoffnung, die uns niemand streitig machen kann.

Darum warte ich gerne, denn ich warte weder hoffnungslos noch grundlos noch aussichtslos. Ich warte und lerne, meine Hände zu öffnen für das Wirken Jesu und werde transparent für seinen Geist. Ich warte und denke nach über die Zusammenhänge zwischen Leiden, Gerechtigkeit und Hoffnung und lerne Gott verstehen, zwar bloss ansatzweise, aber immer besser. Und ich warte auf Jesus, um mich, bis er kommt, der Welt zuzuwenden und in seinem Namen das zu tun, was es zu tun gibt. Transparent für den Geist, mit klarem Kopf und tätigen Händen warte ich. Und sage, weil es wahr ist, gut tut und Hoffnung gibt, jeden Tag: *maranatha.*

Amen.

Was es für mich bedeutet, Christ zu sein

Ganz am Ende meine letzten Worte

Meine Hoffnung und meine Freude, meine Stärke, mein Licht: Christus meine Zuversicht, auf dich vertrau' ich und fürcht' mich nicht, auf dich vertrau' ich und fürcht' mich nicht.   *Jacques Berthier*

Seit einiger Zeit liegt auf dem Weg zum Tram im Schmutz des Trottoirs eine Broschüre mit dem Titel *Christ sein – was bedeutet das?* Solche Broschüren tendieren dazu, in strenger Sprache mit vielen Worten alles erklären zu wollen, darum lese ich sie in der Regel nicht. Die Frage aber finde ich interessant, und ich möchte sie – quasi als letztes Wort – aus einer persönlichen Warte beantworten.

Vielleicht erwartet ihr jetzt die Auslegung eines Paulustextes, was natürlich auch reizvoll wäre, aber für diese Aufgabe habe ich ein Lied gewählt: *Meine Hoffnung und meine Freude.* Es ist, das steht nun nach 25 Jahren Kirchendienst fest, mein Lieblingslied. Jacques Berthier hat es geschrieben, ursprünglich auf katalanisch, es ist zu einem der beliebtesten Kirchenliedern überhaupt geworden mit mehr als einem Dutzend Übersetzungen. Die textliche Grundlage ist ein Vers aus Jesaja (12,2): *Sieh, Gott ist meine Rettung! Ich bin voll Vertrauen und habe keine Angst, denn meine Stärke und meine Kraft ist Jah, JHWH: Er war meine Rettung.* Der ursprüngliche Liedtext ist sehr nah am Bibeltext, die deutsche Übersetzung entfernt sich ziemlich, was aus poetischer Sicht ein grosser Gewinn ist. Auch aus theologischer, denn jetzt wird das Lied zu einem erfahrungsorientierten Glaubensbekenntnis. Darüber möchte ich sprechen.

Beginnen wir mit der *Hoffnung*: Je älter ich werde, desto wichtiger wird sie mir. Mein Glauben steht fest, aber selten ohne Fragen und Zweifel. Die Liebe ist mir wichtig, und doch scheitere ich regelmässig. Und die Hoffnung: Sie wächst. Denn sie speist sich aus all meinen Erfahrungen, und so wird sie jedes Jahr grösser und schaut gestärkter nach vorne. Sie lässt mich darauf vertrauen, dass die Liebe, die ich seit 30 Jahren von Jesus erfahre, mich auch dieses Jahr tragen wird. So oft schon hat mich Jesus durch ausweglose Situationen geführt, dass ich mit ihm auch die nächste, die zweifelsohne kommen wird, meistern werde. Meine Erfahrung lehrt mich, Hoffnung nicht festzumachen an der Erfüllung persönlicher Wünsche oder postwendender Antworten auf Stossgebete – meine Hoffnung richtet sich immer mehr auf den grossen Zusammenhang: Ich mag zweifeln, leiden und auch scheitern, und viele Bitten werden nicht erfüllt, aber die Hoffnung auf die Ewigkeit, auf ein Leben an der Seite von Jesus, sie bleibt. Im Kreuz und der Auferweckung hat Jesus den Tod überwunden, das ist der Grund meiner Hoffnung und auch ihr Inhalt. Nicht als Vertröstung auf das Jenseits, sondern als eine Hoffnung, die noch nicht einmal vor der Ewigkeit halt macht. Je mehr Erfahrungen ich mache, desto grösster wird die Hoffnung – sie ist fast ein spirituelles perpetuum mobile, und darum steht sie bei mir am Anfang.

Solche Hoffnung äussert sich nicht in ängstlichem Bangen, ob es wohl das nächste Mal auch klappen wird, sondern in tiefer, innerer *Freude*. Freude hat weniger zu tun mit Glücksgefühlen oder Happiness, sondern viel eher mit Ruhe, Frieden, Dankbarkeit. Sie zeigt sich mir nicht in einer generellen Sorglosigkeit, aber in einer tief verwurzelten Furchtlosigkeit und Gewissheit, sie ist das Gegenteil der Verbitterung. Ohne meinen Glauben wäre ich wohl ein Zyniker geworden, der sich über alles und jeden lächerlich macht, um seinen schwelenden Pessimismus zu verbergen und sich seine konstante Todesangst fortzulügen. Dank Jesus aber wird die Freude zu meiner Bestimmung – und hoffentlich irgendwann auch zu meiner Grundstimmung.

Wohl dem Menschen, dessen Hoffnung so gross ist, dass sie zur Freude wird, denn hier liegt die eigentliche *Stärke* des Glaubens. Jesusfreude als Grundlage des Lebens sorgt dafür, dass mich nicht jede Sorge aus der Bahn wirft, und sie erinnert mich jeden Tag daran, an wen ich mich wenden soll, wenn die Gedankenspirale mich nach unten zieht. Ich bin oft sprachlos, und das Leben erscheint mir immer wieder recht fragwürdig – aber ich muss nicht ohne Antwort bleiben. Meine Stärke ist nicht das, was ich aus mir mache, sie ist nicht die Ausschöpfung meines Potenzials. Es ist nicht so, dass ich nichts bin, nichts kann und nichts weiss. Aber meine Stärke ist das alles nicht, denn sie liegt nicht in mir, sie liegt ausserhalb von mir. Meine Stärke ist es, Jesus wirken zu lassen, und zwar durch mein Können und durch mein Unvermögen. Stark bin nicht ich, stark ist er in mir, mit mir, trotz mir. Das ist das Geheimnis seiner Stärke. Dazu gehört auch, dass sie mich nicht primär das Menschenunmögliche vollbringen lässt – Wunder, Heilungen, mitreissende Zeugnisse und weltverändernde Predigten. Manchmal, vielleicht, passiert auch das, aber primär ist auch seine Stärke kreuzesförmig: die Dunkelheit ertragen, Beständigkeit trotz Widerständen, mein Kreuz tragen, ohne das Nachfolge nicht möglich ist.

Und darum ist Jesus mein *Licht:* eine Metapher nun, anders als die Begriffe zuvor, aber sofort verständlich: Sein Licht scheint auch in seelischer Finsternis, es wärmt in sozialer Kälte, es weist die Richtung in politischer oder spiritueller Orientierungslosigkeit. Wir Städter*innen sind uns gewohnt, dass irgendwo immer eine Laterne brennt oder ein Bildschirm flimmert. Aber ohne all die Technik, in finsterer, mondloser Nacht, allein in einer unbekannten Schlucht oder unwegsamen Gebirge, wird klar, was es heisst, mitten in der Dunkelheit ein Licht zu sehen. Das intellektuelle Licht des Verstehens, das existentielle Licht der Lebenswahrheit. Licht schafft Hoffnung, Licht bereitet Freude, Licht ist Stärke. Jesus ist mein Licht. Das Licht meines ganzen Lebens. Was sonst? Und: Wer sonst?

Hoffnung, Freude, Stärke, Licht: All das führt zu einer Lebenszuversicht, die getrost nach vorne schaut – getröstet, gestärkt, geleitet, geführt. Eine solche Zuversicht kann den Blick wagen in die eigene Biographie, ohne die Augen schliessen zu müssen vor Schuld, Scham oder Angst, und sie mutet sich den Blick nach vorne zu, ohne die Stirne zu runzeln vor Furcht. Mit Christus, meiner Zuversicht, wird meine Vergangenheit erträglich, meine Gegenwart lebenswert und meine Zukunft verheissungsvoll. Das heisst es für mich, Christ zu sein.

Ein wunderbares Lied, nicht wahr? Tiefe Worte, wohltuende Gedanken, ein lebensbejahender Glaube. Auch ich wünschte mir, mein Glaube wäre das Abbild dieses Liedes. Vielleicht teilst du diesen Wunsch mit mir. Wo hapert es denn bei dir? Bei mir ist es die Freude, ich tendiere, wenn ich alleine bin und sich die Sorgen dazugesellen, zu einer pessimistischen Griesgrämigkeit. Und du?

Aber das Lied ist gottseidank noch nicht zu Ende. *Auf dich vertrau' ich und fürcht' mich nicht*, und dies gleich zweimal, das ist der Schlussvers. Man könnte meinen, der Dichter hätte unser Seufzen gehört. Wenn ich diesen Schluss singe, dann sage ich mir ein Doppeltes zu: Ver*trau*en auf Christus ist gerechtfertigt, denn er ist *treu*. Aber Vertrauen ist nicht selbstverständlich, es ist ein Entscheid, ein Schritt, eine Tat. Einfacher wäre es, dieses Vertrauen käme automatisch, etwa wie der Atem oder der Herzschlag. Aber was wäre es wert? Hätte es noch etwas mit uns als selbstbestimmten Individuen zu tun, wenn es immer da wäre? Was wäre die Liebe zu Jesus, wenn sie uns genauso zuverlässig überkäme wie Hunger und Durst? Wäre sie wirklich das, was unser Leben zutiefst bestimmt? Ich vertraue auf Jesus, weil ich auf Jesus vertrauen will, und ich will mich dafür entscheiden und muss mich dafür entscheiden. Ich entscheide mich, mein Leben nicht selbst und allein zu führen, sondern in seine Hände zu legen. Ich verliere mich mitsamt meinen Sorgen, und finde mich in Jesus wieder, als geliebter Mensch ohne Furcht und Angst. Auch das gehört zu meinem Christsein: Diese Preisgabe, dieser Verlust meiner Kontrolle – und das Mich-wieder-Finden als veränderter Mensch.

Was heisst das? Ich kann *dir* keine Ratschläge geben, denn das ist ja *mein* Lied und mein Glaube. Ich kann dir aber sagen, was ich tue, vielleicht trifft das eine oder andere auch auf dich zu. 1. Ich spreche am Morgen, bevor ich esse oder mich der Zeitung widme, Jesus mein Vertrauen aus.

Auf dich vertrau' ich und fürcht' mich nicht. Ich bin überzeugt, dass Furcht geht, wo Vertrauen kommt. Ich weiss aber auch, dass Furcht kommt, wo Vertrauen fehlt. So beginne ich meinen Tag. 2. Oft fehlt es mir an der Freude, hier muss ich ansetzen und an mir arbeiten. Ob es dir auch an etwas fehlt? 3. Mit diesem Lied habe ich einen Weg gefunden, über meinen Glauben zu sprechen, der ihn auf seine poetische Weise viel deutlicher macht, als dies eine begrifflich-erklärend-argumentative Sprache könnte. Dies ist der Satz, der aussagt, was es für mich bedeutet, Christ zu sein, und ihn zitiere ich, wenn ich danach gefragt werde oder wenn es angebracht ist, ein verständliches und attraktives Zeugnis zu geben. Ich glaube, es ist sinnvoll, einen solchen Satz im Kopf zu haben – sehr wahrscheinlich auch für dich. *Auf dich vertrau' ich und fürcht' mich nicht.*

Amen.

sdg.